全国高职高专规划教材——工学结合教材

办公室工作实务

陈　云　主编

中国环境出版社·北京

图书在版编目（CIP）数据

办公室工作实务/陈云主编. —北京：中国环境出版社，2016.4

全国高职高专规划教材. 工学结合教材

ISBN 978-7-5111-2579-8

Ⅰ. ①办… Ⅱ. ①陈… Ⅲ. ①办公室工作—高等职业教育—教材 Ⅳ. ①C931.4

中国版本图书馆 CIP 数据核字（2015）第 234984 号

出 版 人 王新程
责任编辑 黄晓燕 张维娣
责任校对 尹 芳
封面设计 宋 瑞

出版发行 中国环境出版社
（100062 北京市东城区广渠门内大街 16 号）
网 址：http://www.cesp.com.cn
电子邮箱：bjgl@cesp.com.cn
联系电话：010-67112765（编辑管理部）
010-67112735（环评与监察图书分社）
发行热线：010-67125803，010-67113405（传真）
印 刷 北京市联华印刷厂
经 销 各地新华书店
版 次 2016 年 4 月第 1 版
印 次 2016 年 4 月第 1 次印刷
开 本 787×960 1/16
印 张 9
字 数 164 千字
定 价 18.00 元

编审人员

主　　编　陈　云

副 主 编　郭　志　薛俊峰

编写人员　陈　云　郭　志　王丽娜　薛俊峰

序 言

工学结合人才培养模式经由国内外高职高专院校的具体教学实践与探索，越来越受到教育界和用人单位的肯定和欢迎。国内外职业教育实践证明，工学结合、校企合作是遵循职业教育发展规律，体现职业教育特色的技能型人才培养模式。工学结合、校企合作的生命力就在于工与学的紧密结合和相互促进。在国家对高等应用型人才需求不断提升的大环境下，坚持以就业为导向，在高职高专院校内有效开展结合本校实际的“工学结合”人才培养模式，彻底改变了传统的以学校和课程为中心的教育模式。

《全国高职高专规划教材——工学结合教材》丛书是一套高职高专工学结合的课程改革规划教材，是在各高等职业院校积极践行和创新先进职业教育思想和理念，深入推进工学结合、校企合作人才培养模式的大背景下，根据新的教学培养目标和课程标准组织编写而成的。

本套丛书是近年来各院校及专业开展工学结合人才培养和教学改革过程中，在课程建设方面取得的实践成果。教材在编写上，以项目化教学为主要方式，课程教学目标与专业人才培养目标紧密贴合，课程内容与岗位职责相融合，旨在培养技术技能型高素质劳动者。

前　言

办公室是一个组织机构，办公室事务将直接影响组织机构的正常运转，办公室事务能力是步入社会职场必须学会的能力，也是文秘专业必备的核心技能。本书针对当今职场的特点，编排了日常事务、接待事务、服务领导事务三大技能模块。在三大模块下，根据岗位所需，设计了12个典型工作项目，安排了27个实训任务。

依据办公室工作实际，以任务驱动的方式，每一个任务按照“学习目标—任务描述—工作处理—相关知识—实训练习”环节展开，将工作任务置于整体的情境之下，保持了工作的连贯性与整体性，由简到繁，由易到难，由内容讲解到处理技能，着力突出工作技能的训练。

《办公室工作实务》主要面向高职高专文秘、行政管理等专业的学生，也可作为文秘、行政管理专业实训教材，以及文秘工作者的参考资料。

目 录

模块一 日常事务管理

模块二　接待事务管理

模块三　服务事务管理

概　述

办公室是秘书人员重要的职业环境和工作场所。秘书工作主要表现为办公室工作，也常称为办公室事务，内容繁杂，综合性强，且作用重要，程序严明。

一、办公室的含义

通俗地说，办公室就是办公的场所。但在实际运用中，办公室又有多重含义：

（1）泛指一切办公场所，区别于教学用的教室、生产用的车间等。

（2）某一类职业人员或某一级职务人员的办公场所，如经理办公室、校长办公室等。

（3）国家机关、企事业单位、社会团体内辅助管理的综合办事机构，如××县人民政府办公室、××集团公司办公室等。

（4）某种专门的独立工作机构，如××市××区征兵办公室、××市招生考试办公室等。

我们这里所谈的办公室主要取第三种含义，即国家机关、企事业单位、社会团体内办理行政性综合事务的实现辅助管理功能的办公场所，本书侧重于企业的行政办公室，其办公人员主要是秘书人员。

二、办公室的人员

根据现行办公室尤其是企业综合办公室人员的构成情况，可以大致将办公室人员分成四类：

1．管理人员

这类人员大致可以分成两类：一类是办公室主任或称办公室经理、行政经理、行政总监等，全面负责办公室工作；另一类是办公室下设部门负责人，如科长、组长、主管等，具体负责某一方面的工作。这类人员的职责是协调办公室的人力、物力及各项工作，使办公室发挥出最大的效用。

2．秘书

秘书是协助领导处理政务及日常事务并为决策及实施提供服务的人员。秘书最主要的特性表现在直接服务于领导，为领导提供信息、文字、决策及事务等方面的服务。高级别的秘书把更多的时间和精力用在组织内部协调、信件起草、安排日程等工作上，很多工作已经属于管理工作的范畴，而且他们往往还负责监督和指导办公室文员的工作。

3．助理

这类人员有行政助理、经理助理及各种专门助理之分。行政助理的工作类似行政秘书，但更主要的是在行政工作方面给整个组织或团队以支持。经理助理、总裁助理等的工作是对某个特定的高层管理者提供辅助支持，经领导授权可以负责管理某个部门或某专项工作。各种专门助理则具有专业特长，协助专门领域或部门领导开展工作，如人事助理、市场助理等。

4．其他文员

除上述三类人员外，办公室中还有一些工作人员，他们不是管理者，也不做秘书，而是在办公室从事诸如前台接待、打字复印、设备操作、办公设备使用与网络系统维护、档案管理等工作。

本书在后面介绍具体办公室事务时，将上述几类人员的工作综合在一起，一是实际工作中有时很难将几类人员的工作截然分开，二是很多中小型企业限于人员规模、管理成本等，办公室人员并不多，但承担的事务性工作则往往是上述几类人员的全部。所以，本书中为行文方便，将这些办公室人员统称为秘书人员。

三、办公室事务的内容

办公室是我国国家机关、企事业单位、社会团体普遍设立的协助领导处理本单位日常工作，为领导及整个组织提供辅助性或支持性工作，综合办理本单位行政性事务的一个内设机构的普遍性称呼。但是在一些企业中还将办公室这样的机构称为“行政部门”“支持部门”等，将负责办公室工作的领导——办公室主任称为“行政主管”等，人们常将办公室工作称为“事务性工作”“办公事务”“行政事务”等，将办公室负责的后勤工作称为“行政工作”等。

因此，这里所说的办公室事务取之广泛意义上的相关内容。它既包括人们普遍认可的秘书工作的内容，如文档工作、会务工作、信息工作、保密工作、调研工作、协调工作、参谋工作、信访工作、公关工作、日常工作、其他临时交办的事项等，又包括传统秘书教材较少涉及的为组织活动和运转提供物资和环境保障的行政和后勤等工作，如人事管理、财务管理、房产管理、基建管理、餐厅管理、宿舍管理、环境卫生管理、治安消防管理、设备物资管理等。

不难看出，办公室事务具有明显的服务性、综合性、复杂性、分散性等特征，尤其是现代办公背景使办公室事务又具有了信息化、效率化、多功能化的新特征，对秘书人员提出了较高的要求。

模块一　日常事务管理

项目一　办公室环境维护与管理

任务一　办公室布局

学习目标

学习办公室布局的基本要求和原则，掌握办公室布局的方法。

任务描述

明远服饰集团，应市场需求，新成立了女装分公司，设职业装、休闲装、晚宴装、运动装等四个部门，组建了由总经理、总经理秘书及其他人员共 16 人组成的团队，负责公司服装设计、广告策划、产品销售等工作。

为了尽快进入工作，集团要求总经理李明和秘书宋辉，尽快将新的办公室布局设计好，并组织人员布置到位。

工作处理

一、任务分析

办公室是企业文化的物质载体，要努力体现企业物质文化和精神文化，反映企业的特色和形象，办公室的布局要能够对置身其中的工作人员产生积极的、和谐的影响。在办公室的布局中，一方面要美观大方，能够创造出一个赏心悦目的良好的工作环境；另一方面要经济实用，尽量降低费用，追求最佳的功能费用比。

二、形成方案

总经理李明和秘书宋辉接到任务后，立即进行了研究，并决定由宋辉草拟布局方案。宋辉认真分析部门的工作场地、人员、工作内容、特点及相关设备后，认为本办公室的设计以开放式为佳，并提出整套办公室布置的方案，与总经理李明进一步协商，并向有关领导汇报后，最终提出办公室的布局构想。主要环节如下：

（1）办公室设为开放式，所有本销售部的员工都在一间大的办公室内工作。

（2）根据现有办公场地的条件，办公桌以直线式条块摆放，各部门人员集中办公，办公桌之间用屏风隔开。

（3）部门经理有相对独立的办公室，以不透明玻璃板隔开，并装有隔音设施。

（4）秘书办公区设在部门经理办公室外侧，以便为经理和各部门人员服务。

（5）门口设接待处，摆放沙发、茶几和饮水机等接待用品，并布置绿植优化环境。

（6）员工个人办公设备如电话机、计算机等摆放在个人办公桌上；公用设备如传真机、打印机、档案柜等集中放在办公室的后半部分，依墙摆放。

三、工作实现

办公室设计的方案确定后，秘书会同本部门工作人员迅速进入实施过程中，将本办公室的各项设备、物品摆放到位，很快进入愉悦的工作中。

相关知识

一、办公室布局类型

就目前的办公室布局来讲，大致可分为两类。一类是较为传统的办公室布局，即把组织内部各职能部门独立安排在一个小房间内，组成一个小办公室，叫作封闭式布局。另一类，是将一个大工作间切分为若干个相对独立的工作单元，把组织内部各职能部门的所有工作人员按照工作程序安排在各个工作单元中开展工作，叫作开放式布局。

办公空间的营造是一种思想，说到底，它是一种管理思想，与组织文化息息相关。是强调等级还是强调平等，是郑重其事还是随心所欲，决定着对办公室布局的定位。这也是我们在设计办公室布局时首先要考虑的。传统的布局往往要求等级分明，相对独立，按部就班，互不干扰，而现代意识的布局则强调自由和自律的工作生态、企业的诉求、企业的形象、功能的分隔、流程的顺畅、关系的建立、氛围的营造、效率的产生等。开放式的布局淡化了等级差异，有利于形成平等、宽容的工作氛围，有利于成员之间的交流与沟通，有利于思想碰撞，产生有价值的创意，也有利于减少独立封闭造成的官僚行为，形成良性、互动的合作态势。

二、不同人员的办公室设计

办公室布置因其使用人员的岗位职责、工作性质、使用要求等不同而应该有所区别。

1. 处于企业决策层的主要领导。这类人员的办公室布置有如下特点：

（1）相对封闭，一般是一人一间单独的办公室，在办公大楼的最高层或平面结构最深处，目的是创造一个安静、安全、少受打扰的环境。

（2）相对宽敞，目的是扩大视觉空间，避免过于拥挤的环境束缚人的思维，带来心理上的焦虑等问题。

（3）方便工作，一般把接待室、会议室、秘书人员办公室等安排在靠近决策层人员办公室的位置。

（4）特色鲜明，企业领导的办公室要反映企业形象，可放置企业旗帜以及企业标志，墙角安置企业吉祥物等。

2. 一般管理人员和行政人员。许多现代化的企业常用大办公室集中办公的方式，其优点是增加沟通、节省空间、便于监督、提高效率，缺点是相互干扰较大。为此要注意以下问题：

（1）按部门或小部门分区，同一部门的人员一般集中在一个区域。

（2）采用低隔断，高度在 1.2～1.5 米，为的是给每一名员工创造相对封闭和独立的工作空间，减少相互间的干扰。

（3）有专门的接待区和休息区，以免因为一位客户的来访而破坏了其他人安静的工作环境。

三、办公室布局的基本原则

办公室内的布局应按工作流程和职位进行安排，讲究合理有序、整齐有致、功能清楚、有条不紊。

（1）职能相关的部门应置于相邻的地点，以使性质相同的工作便于联系。

（2）将常有来宾接待的部门置于入口处。倘若不可能时，应规定访客须知，使访客不至于干扰其他部门。

（3）使用同一大小的桌子，可增进美观，并促进职员的相互平等感。办公桌椅和柜架的排列采用直线对称式布置，这样可尽量腾出可利用的空间。

（4）全体职员的座位应面对同一方向，不可面对面。勿使职员面对窗户、太靠近热源或坐在通风线上。

（5）自然光应来自桌子的左上方或斜后上方。

（6）档案柜应背对背放置，如有可能，可考虑将档案柜放置于墙角。常用的设备与档案，应置于使用者附近。档案柜与其他柜子应高度一致，以增进美观。

（7）将自动售货机、喷水池、公告板置于不致引起职员分散精力及造成拥挤之处。

（8）将需要使用嘈杂设备与机器的单位，置于防声之处，以免干扰其他部门。

（9）装设充分的地板电源插座，使办公室设备与机器足够插用。

（10）墙面上挂地图、工作制度、组织结构图。

四、小型封闭式办公室的布置标准

（1）领导桌椅摆放整齐有序，面对来人方向就座。桌面上可摆放国旗、地球仪等。

（2）电话放在左边，电脑放在右边，电脑屏幕不要对着来人方向。

（3）保险柜、资料柜放在主人身后或身边，贵重资料摆放整齐。

（4）沙发、饮水机、报架等要求方便来宾。

（5）办公室优雅、整洁、安全，有绿色植物美化空间。

五、大型开放式办公室布置标准

（1）办公室中央区域为业务处理区，所有座位应统一朝向大门，或分成若干排，双向而坐。

（2）彼此间可用 1 米左右高度的屏风分隔。采用屏风当墙，因其易于架设，且能随意重排。

（3）办公桌上左摆电话，右放电脑，文件柜置于桌面下，公用设备摆放在四周。

（4）工作流程应成直线对称布置，避免倒退、交叉与不必要的文书移动。

（5）主管座位应位于部属座位的后方，使主管易于观察工作地点发生的事情。

（6）上司应有专门的办公室，以便其可以集中精力处理重要事务。

（7）秘书的位置要在上司办公室门外一侧，起守护、挡驾作用。

（8）接待处应设在近门的地方，会客室或客区单独设置在接待处旁边或大门旁边。

实训练习

一、训练目标

能够合理布局各种类型的办公室。

二、知识要求

（1）熟悉办公室布局的基本原则。

（2）掌握开放式、封闭式办公室布局的标准和要求。

三、训练要求

（1）通过演练，掌握一般办公室合理布置的方法。

（2）各种办公室布局效果要符合要求。

四、操作说明

（1）利用 2 学时，分小组进行。结束后，教师引导学生对每一个任务进行点评。

（2）实训的准备工作需要课外完成。做好模拟办公室设计的前期准备非常重要，所以一定要安排好小组负责人，合理分配任务，在小组长的统一协调下，成员相互合作，共同完成。

（3）训练前布置学生掌握办公室布局的相关知识与要求，明确工作思路，分工合作完成训练任务。

五、操作提示

在这项训练中，学生最好利用课外时间到不同行业的各类办公室参观学习，注意观察并总结其优劣，为本次实践活动提供借鉴。

六、任务描述

1．为新来的营销业务经理布置办公室，要求如下：

（1）独立办公室。

（2）室内设备：办公桌椅 1 套，沙发茶几 1 套，饮水机 1 台，计算机 1 台，电话机 1 部，一体机 1 台，文件柜 2 组，衣架 1 个。

（3）要求布局整洁、有序、宽敞，符合工作要求。

2．明远服饰集团女装广告策划部，现有办公室 3 间，分别为 20、30 和 80 平方米，设经理、策划总监、执行总监、经理秘书各一名，有 12 位策划员。目前办公室、现代化办公设备等已备齐，工作两个月，李经理发现员工状态不佳、效率低下，认为是办公室的布局存在问题。请你针对部门现状，设计出合理的办公室布局。

任务二 办公室环境

学习目标

了解办公室环境的构成要素，学会维护办公室环境。

任务描述

明远服饰集团女装分公司行政办公室人员较多，十几位职员共同在一个大办公室办公。大家平时工作都很忙碌，导致办公室非常零乱：放清洁用具的角落里堆满了纸屑、零食袋等垃圾；有几位员工的桌上甚至堆积起了厚厚的灰尘；打印机旁边的纸张抽拿凌乱；放微波炉和热水壶、电话的桌子上脏兮兮的，就连为数不多的几盆仙人掌也蔫蔫地立在窗台上。

秘书要懂得办公环境与工作效率之间的关系，进而能够主动为上司、为自己布置和设计办公环境。

工作处理

一、任务分析

办公室是企业文化的物质载体，要努力体现企业物质文化和精神文化，反映企业的特色和形象，办公室的布局要能够对置身其中的工作人员产生积极的、和谐的影响。在办公室的布局中，一方面要美观大方，能够创造出一个赏心悦目的良好的工作环境；另一方面要经济实用，尽量降低费用，追求最佳的功能费用比。

二、任务实施

安静整洁、格调高雅、秩序井然的办公环境能展现企业良好环境、反映企业高水平的管理，保持一个优美的环境，是公司、企业秘书每日的职责。秘书应该在每天上班伊始或下班前做好维护和管理办公区域的工作，以保证办公室始终是一个舒适、高效的场所。

秘书宋辉今天来得比往日都早，她准备利用李总出差之际为李总创造一个舒适温馨的工作环境。

李总的办公室在最里间，小宋的办公室就在李总办公室的外面，两屋有一扇门相通。任何人要进入李总办公室都得从小宋的办公室通过。小宋的办公室就相当于通往李总办公室的枢纽和窗口。其他的部门呈半环形分布在小宋和李总办公室的对面。

进入小宋的办公室，首先映入眼帘的是窗台上的各式盆景和竞相开放的各色鲜花。进门，右边是棵高大的绿色灌木，给人以清新的感觉。不过可能因为李总不在，也暂时没有秘书专门负责监督的缘故，清洁公司并没有把地上的落叶清扫干净。小宋的办公桌上有一台计算机、一部传真机、三部电话，一些文件夹和几页未装进文件夹的散开的文件；另有一些笔筒之类的办公必备用品。办公桌的前面摆放着一些为客人准备的椅子和沙发。办公桌后面是小宋的座椅，再后面则是靠墙的大型立柜，里面分格、分层放着各类文件和书籍，但是有一些凌乱。大型立柜的旁边紧挨墙的地方，有个齐腰的矮柜，上面放着一些纸杯和咖啡、方糖之类的东西。

李总的办公室要比小宋的办公室大一些，基本的摆设没有多大的差异。宽大的办公桌上也有一台计算机，另外只简单地摆着电话和一些文件夹；有两个并列的靠墙立式柜，在另一面靠墙的地方环形摆开的是沙发。整个办公室体现的是一种简约美，让人心旷神怡。

小宋打量完两个办公室，对自己的工作应该从哪里着手也基本了然于胸。她拉开窗帘打开空调，调节好办公室的温度、湿度，之后将窗台、办公桌、计算机……凡目光可及的地方都细细地擦过；饮水机里的水不多了，应该马上与送水公司联系。

清洁整理工作基本告一段落，现在时间正好是8：30。

办公机器、设备摆放恰当，地毯和现代化装饰品、自然或人工花卉植物等布置合理，会令人产生一种舒适的感觉，陶冶人的性情，提高工作效率。

相关知识

一、办公室环境构成

办公室环境是秘书工作的主要场所，办公室环境的维护和管理是秘书的工作职责之一。幽雅、整洁有序、布局合理的办公室环境可以营造良好的工作气氛，有利于提高工作效率和树立企业的良好形象。要履行好办公室环境维护与管理的职责，秘书必须对办公室环境有明确的认识。

办公室环境是指办公室的布局、色彩、光彩、声音、气味等因素构成的综合气氛，它包括硬环境和软环境。硬环境（即自然环境）是指办公室的绿色环境、空气环境、光线环境、色彩环境、声音环境、设备环境、安全环境等七项；

软环境（即社会环境）是指办公室的人际环境。办公室环境的维护和管理主要是针对硬环境而言的，秘书不但要主动适应环境，还要积极改善环境和创造新办公环境。

1．办公室布局

对大部分秘书而言，入职之时办公室布局早已定型，但你可以根据自己的感悟和实际的需要，说服上司做适当的调整。办公室布局应根据工作流程和职位进行安排，讲究合理有序、错落有致、功能清楚、互不干扰。

2．办公室绿化

绿色植物生机盎然，令人赏心悦目，合理绿化办公室是改善工作环境的一种有效方法。绿色植物本身所蕴含的信息会对人类产生微妙的影响，起到某种暗示和激励作用，可以影响我们的心理，甚至影响工作效率。

这里所说的办公室绿化主要包含会客室的绿化和上司办公室的绿化。会客室是商务活动的中心，是接待宾客的主要场所，整体气氛要求温馨、高雅、热情，绿化适宜布置观赏植物、名贵或珍奇品种等。上司办公室是上司集中精力工作和思考决策的场所，要求宁静、宽敞、舒适，绿化装饰应色淡香微，植物个体不能大，以小巧，别致为主。

在进行办公室绿化时要注意植物和花卉对个体的影响，要选择对人体有益的物种，譬如能清除室内甲醛等多种有害气体的吊兰，能消毒空气、消灭病菌的玫瑰，能提神醒脑、活跃思维的菊花等。此外，还要注意选择适合当地气候条件、生命力强、容易养护的品种，若能兼顾形状美观、花势茂盛、讨口彩就更好了，如发财树、开运竹、富贵竹之类。

3．办公室空气

办公室人员工作紧张、压力较大，如果空气质量差，容易使人疲倦、郁闷、沮丧。因此，办公室的空气应达到以下几点要求。

（1）空气清新、无毒害

办公室尤其是较封闭的办公室，要定期开窗换气、开启排风扇以换取新鲜、自然的空气。当办公室刚刚装修或堆放有化学物质又或附近有大型工厂时，更要注意保持办公室的空气清新。

（2）温度适中

现在很多办公室都有空调设备，使用空调要注意送风口不能直接对着人体，即使酷暑严寒天气也不能开得太冷或太热，如果室内外温差较大，容易引发现代病——“空调病”。一般认为，最适合人体的室温为 18～26℃，国家标准为冬季16～24℃。

（3）湿度合理

办公室湿度高会令汗液无法挥发、体温上升，从而使人无精打采；同时，湿度高容易滋生细菌，增加人体患上消化系统及皮肤病的机会。而湿度过低，会令身体水分蒸发过快，致使皮肤干燥、容易诱发呼吸系统疾病。国家室内空气的参考相对湿度标准是夏天40%～80%：冬天30%～60%。

（4）气味芬芳

芳香的气味能沁人心脾，通过人的呼吸系统，渗入血管、刺激脑细胞，调节人体的心理状态，舒缓紧张情绪、减缓疲劳。因此，可以在办公场所适当使用带气味的空气清新剂，但在使用时一定要掌握它的剂量和特性，否则，将会因为气味太浓或多种香气混杂而令人眩晕、恶心，引起身体不适。

通常情况下，茉莉花香型气味可抚慰烦躁、舒缓紧张情绪；橙花香型气味可减轻长期紧张造成的焦虑与压抑；檀香型气味有镇定效果，能消除沮丧心理；薄荷香型气味能平息愤怒情绪、舒缓精神疲倦；迷迭香型气味有助血液循环，可使头脑清醒；桉树香型气味可提神醒脑，帮助人集中注意力。

4．办公室光线

办公室的光线来自两方面，一是自然光；二是照明光。由于自然光时常变化，令人难以掌握，故办公室宜尽量采用照明灯。灯光应分布均匀，亮照度以380勒克斯左右为好，亮度太强会刺眼，亮度不够或亮暗度变化频繁、逆光等容易引起眼睛疲劳。光线不宜采用顶光和背光，因为会增加凝重感，而应采用令人舒适的面光。

在灯具选择上宜选用明亮温馨的白炽灯，不能使用荧光节能灯，因为后者惨白色的灯光会显得人脸上毫无血色，也会使办公室显得阴气沉沉。

另外，办公室的窗帘宜用浅绿等淡色调为主的颜色，不宜使用灰色等深色调的窗帘，因为窗帘的颜色也会对光线造成影响，颜色太深会使办公室显得昏暗。

5．办公室声音

声音属听觉范涛，而听觉是仅次于视觉的重要感觉。在办公室声音的管理上，应注意消除噪声。噪声使人烦躁、思维混乱、注意力无法集中。办公室的噪声源主要有：办公机械噪声，如空调、排气扇、打印机、电话等；自身人为噪声，如有的人大声喧哗、搬动工具、安装设备等；外来噪声，如处于公路边的办公室、左邻右舍是生产区的办公室等，都会受到噪声干扰。要解决或减轻上述噪声，除了用隔音效果好的门窗以外，还可以使用隔音板或把办公机械统一安放在一个独立单间。

6．办公室安全

办公室安全包括下班后门户是否锁好，窗户有没有关闭，电源有没有切断；

室内光线、通风、噪声、通道是否存在隐患等，如灯管老化致使亮度不够、消防通道堆放杂物妨碍通行等；员工在使用办公器械时有没有按规范操作，对于涉密文件有没有疏忽大意，如忘在公众办公区等；是否存在引起火灾或阻碍消防的隐患，如垃圾桶里扔有烟头、灭火器过期失效、漏电保护开关失灵、插座老化等。

二、办公室环境管理流程

在企业中，不管秘书是与上司同在一间办公室，还是自己拥有一间办公室，都应该明确秘书应管理的办公区域有三个，分别是：上司办公区、秘书个人办公区和公共办公区。具体办公室环境管理流程如图所示。

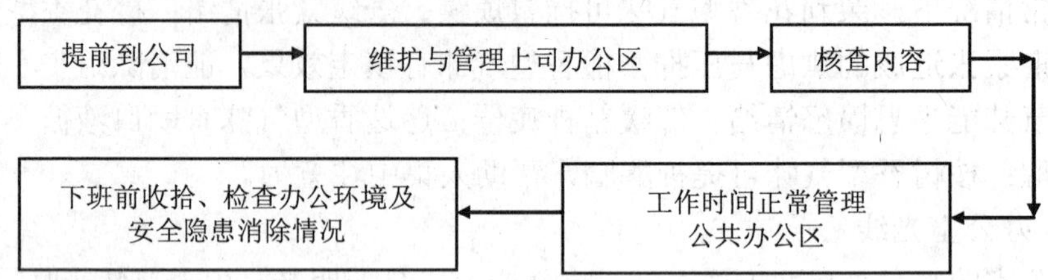

三、维护日常办公区域

1．维护个人办公区

即维护秘书人员自己的办公桌所在区域内的地面、墙面、办公家具、办公设备和办公用具等。个人办公桌上宜摆放常用办公用具，如使用多用笔筒放置笔、剪刀、回形针、胶水等物品。办公用具精简且摆放整齐，而且不宜摆放私人物品。对过期文件资料应当进行定期清理，以腾出更多空间保存重要资料。

2．维护公共办公区

公共办公区一般包括传真、打印机、复印机等办公设备，还有档案柜、书柜、报纸夹、茶水桌等。秘书人员除了亲自动手清洁公共办公区的卫生外，还可以在公共办公区域采用“温馨提示”等小告示形式规范日常办公设备和用具的使用，保持公共资源的整洁有序。如果发现办公设备或用具出现故障，应及时报修。

3．维护上司办公区

即维护上司工作区域的办公设备和用具等，包括为上司整理办公桌、文件柜，对绿色植物及时洒水和剪枝，对上司接待过客人后的环境进行整理等。秘书人员为上司整理办公室时一定要事先与上司沟通并得到上司的授权。

四、办公室环境管理要点

1．办公室环境装饰

办公室的视觉环境管理：清淡中性的颜色一直是主流，如白色、蓝色、灰色。

办公室的文化氛围管理：可在办公室墙面上张贴企业理念标志语、有一定影响力和代表性的图片、照片等。

2．办公室环境维护

（1）清洁卫生。个人、公共、上司三大办公区域的桌面、地面、办公家具、办公设备、门窗等都要保持清洁，同时还要注意对一些日常使用频率较高的办公用具进行定期消毒处理，如电话机、传真机等。电话机的清洁，可用干净抹布或消毒湿纸巾进行擦拭清洁，也可尝试用纸巾蘸上酒精进行消毒，擦拭电话机机身、听筒及按键。

（2）整齐有序。三大办公区域的物品应该摆放有序，个人桌面应该少放或不放私人物品，公共办公区域的设备、物品等应当整齐放置，用过的物品要放回原处，定期整理上司的文件柜，并将资料归类摆放等。

知识链接

揪出你办公室环境的杀手

对于成天忙于工作的都市白领来说，大部分时间都需要在办公室度过。虽然我们的办公室每天都有专人打扫，看起来一尘不染，实际上空气中漂浮着大量污染物，这些都将成为新的“无形杀手”！

现状：走进写字楼尤其是目前正流行的大办公平台，我们看到最多的设备无非就是计算机、复印机、打印机等。这些现代办公室必备的办公设备，在给了我们工作极大便利的同时，也可能给我们的健康带来潜在的威胁。因此，怎样在获得这些设备使用价值的同时，又避免可能由此带来的健康威胁，就成了办公室一族要关注的问题。

电器设备在使用时会产生臭氧，而臭氧会消耗空气中的氧气。如果通风不好，臭氧就会和人的肺争抢有限的氧气，使空气质量变差。而在这场“争夺”中，人是处于劣势的，因此就容易出现头晕、恶心等症状。此外，喷墨打印机喷出的墨汁颗粒、计算机产生的电磁辐射和粉尘等也会影响人的身体健康。研究表明，长期低强度的电磁辐射可对人体的中枢神经系统、心血管系统、血液系统、视觉系统以及机体免疫功能等造成多方面的损害。过多的电磁辐射还能让人过度紧张、神经衰弱、失眠、精力不集中、记忆力下降、反应迟钝、头疼、头晕、多梦、烦躁激动、食欲减退、血失常、白细胞减少等。

对策：由于工作的需要，我们不可能把计算机、复印机、打印机这些便利的现代办公设备扔出办公室去，我们只能学习和它们“和平共处”。因此，我们要保证办公环境内的新风量，稀释有害气体；注意办公环境内的清洁卫生，做到及时清扫。

实训练习

一、案例分析

说说为什么三个秘书三个月后的处境大不一样。

秘书小张每天上班后和下班前都将自己的工作区域整理得干干净净、有条不紊，同时她也主动整理自己常用的复印机、打印机、饮水机、档案柜、公用书架等。每当她看到复印纸抽拿凌乱，公用字典扔在窗台，废纸篓满了没人倒时，都会主动做些清洁整理工作，以维护办公环境的整洁。

秘书小王每天都认真清洁整理自己的办公桌，常用的笔、纸、回形针、订书器、文件夹以及专用电话等都摆放有序。下班前，她也将办公桌收拾得干净整齐，从不把文件、物品乱堆乱放在桌面上。但小王很少参与清理和维护公用区域，也常将公用资源如电话号码本、打孔机、档案夹等锁进自己的办公室，常常使别人找不到，影响了工作。

秘书小李上班匆匆忙忙，接待室的窗台布满灰尘，办公桌上堆得满满当当，计算机键盘污渍斑斑，上司要的文件总是东查西找，每日常用的“访客接待本”也总是找不到。自己的办公桌都没有管理清楚，更无暇顾及他处。

结果三个月后，小李被公司辞退了，小王还在秘书岗位上工作，而小张已经晋升为总经理助理。

二、操作训练

1．训练要求

能够根据具体情况布置办公室环境，维护和管理办公区域。

2．操作说明

教师播放资料或根据现场环境提出任务，学生设计实训模式，布置和维护办公室环境。

任务三 办公室安全

学习目标

掌握如何进行办公区域的安全检查。

任务描述

秘书宋辉是明远服饰集团女装分公司总经理秘书。一天，宋辉要打印彩色文件，准备插上打印机插头的时候，插销突然冒出了火花，之后“吧嗒”一声，整个办公室断电了。电工赶来将一切恢复正常后，宋辉看着办公桌下一堆杂乱缠绕的线，心里想：该是重新整理的时候了，必须立即换掉那个漏电的插座，以绝后患。其实这个插座早该换了，只是宋辉一直心存侥幸，没想到今天它终于“爆发”了。

工作处理

一、任务分析

保证办公场所环境和设备的安全是极为重要的，无论对办公场所，还是对办公设备，都要遵循“安全第一，预防为主”的方针。秘书要树立安全意识，例如，办公区域的温湿度是否有利于人体健康，门窗是否严密安全，噪声干扰、空气污染是否超标等，都是安全检查要注意的内容。为了营造健康、安全的工作环境，每一名秘书都要树立安全意识。

二、任务实施

对办公区域进行安全检查，秘书在进行安全检查时应按以下步骤操作。

1．确定安全检查范围，认真细查

通常情况下，秘书安全检查主要包括以下几项：

（1）地、墙、天花板、门、窗中的隐患，如离开办公室前忘记锁门或关窗。

（2）室内光线、温度、通风、噪声、通道方面的隐患，如光线不足、光线刺眼等。

（3）办公家具方面的隐患，如计算机键盘桌面过高，难以用正确的姿态操作，容易造成疲劳和身体伤害。

（4）办公设备及操作中的隐患，如设备电器插头打火或电线磨损裸露。

（5）工作中疏忽大意造成伤害的隐患，如站在带有轮子的椅子上举放物品。

（6）工作中疏忽大意造成失密的隐患，如复印时将保密的原文件忘在复印机玻璃板上。

（7）火灾或消防中的隐患，如乱扔烟头、在灭火器前堆放物品。

2．发现隐患、处理隐患

在对办公区域的检查过程中若发现隐患，应填写《隐患记录及处理表》，如表所示。若隐患是在秘书自己的职权范围内的，应立即加以排除；若个人职权无法解决或排除时，应立即报告给主管领导，请求处理。

隐患记录及处理表

序号	时间	地点	发现的隐患	隐患原因	隐患危害及后果	处理人	采取的措施

3．跟踪落实

若秘书检查后，自己或上司安排了人来处理隐患，秘书要负责跟踪落实，要监督并检查隐患的处理情况，并填入《隐患记录及处理表》中。

相关知识

一、办公区域的安全检查

1．上岗前学习了解有关安全生产、劳动保护的规定和本组织的规章制度，并自觉遵守执行。

2．按照设备安全操作规程操作设备，主动识别运行中存在的隐患和工作场所存在的隐患，并在职权范围内排除。

3．发现设备故障、工作场所有异常情况或险情时，应立即准确、清晰地向主管报告，并填写《设备故障登记表》或《异常情况登记表》。

二、安全隐患与设备故障的区别

安全检查对象包括办公环境和办公设备两部分。秘书要注意区分《隐患记录及处理表》和《设备故障登记表》，前者记录的是隐患，包括办公环境和办公设备两部分的隐患；后者是记录办公设备运行中出现的故障。例如，计算机不能工作了，应填写《设备故障登记表》；如果计算机仍能操作，但屏幕被强光照射，非常刺眼，就应该填写《隐患记录及处理表》。

案例示范

阳光公司新成立研发部，把市场部秘书小张调去当秘书。她一如既往地每周对研发部办公室及其所有设备进行一次安全检查，把事故的苗头遏制住，对发现的隐患立即采取补救措施或报告上司。平时当她发现有人操作设备不当之处或哪些地方有不安全因素，也都指出或跟进处理。一个月后，小张检查并处理了下述四条有碍健康和安全的隐患，为研发部保持良好的工作环境尽到了职责。

小张发现并当场指出或处理的隐患如下。

（1）2008 年 11 月 4 日，请有关人员将交叉拖曳在办公桌之间的电话线、计算机接线整理好并埋在地毯下，防止绊人。

（2）2008 年 11 月 11 日，发现本楼层“安全出口”的标识掉落，她立即重新安好。

（3）2008 年 11 月 18 日，发现新来的小李在复印资料时出现机器卡纸，小李用手去拽卡住的纸，小张制止了小李的做法，并告诉他如何处理卡纸故障。

（4）2008 年 11 月 27 日，研发部新订的一批计算机到货，送货方准备将货堆在楼道拐角消防栓窗口前，小张发现后，指引他们放在别处。

小张发现并记录报告的隐患如表所示。

阳光公司隐患记录及处理表

序号	时间	地点	发现的隐患	造成隐患的原因	隐患的危害和后果	处理人	采取的措施
1	11 月 4 日	研发部	靠窗的一排计算机屏幕耀眼	无窗帘遮阳	有损眼睛健康	行政主管李涛	安装窗帘
2	11 月 19 日	研发部	一名外来人员没有访客胸卡	接待人员离岗	有安全和失密隐患	行政主管李涛	强调接待处职责要求
3	11 月 25 日	研发部	周末 5 号文件资料柜未锁	负责研发的人员外出开会	失密隐患	研发部经理张家铭	周一部务会上强调

分析：小张调到研发部工作，仍一如既往地每周对办公室和室内的所有设备进行一次安全检查，这是非常必要的，能够杜绝或减少事故的发生，维护自己和他人的健康与安全，维护企业正常工作的良好环境。小张对检查中发现的一些隐

患进行了及时处理和解决，视为自己的职责，发现一些隐患自己无权处理，就立即报告、跟进，直到解决。小张这种视安全为己任的做法是秘书应该学习的。

实训演练

一、请判断以下哪些是办公室常见的潜在危险，请直接在序号处打钩

（1）过度拥挤。
（2）办公家具和设备摆放不当。
（3）拖曳电话线或者电线。
（4）档案柜、橱阻挡了通道。
（5）家具或设备有凸出的棱角。
（6）楼梯踏步平板破旧或损坏。
（7）地板打滑。
（8）包裹、行李或者家具阻挡通道。
（9）由于橱柜顶端的抽屉堆放的东西太多导致橱柜倾倒。
（10）没有关上的抽屉挡住通道。
（11）站在旋椅上去放东西。
（12）在不会操作和没有指导的情况下使用设备。
（13）器械破损或有危险。
（14）拖得很长的电线。
（15）接线松开或损坏。
（16）设备未接地。
（17）绝缘不彻底。
（18）电路负荷太大。
（19）没有保险板或者保险板松开。
（20）设备从桌上掉下来。
（21）抬举重物。
（22）对已发现的危险的记录不完全。
（23）安全出口被阻塞。
（24）火灾疏散注意事项不完整或者没有。
（25）灭火设备已损坏。
（26）防火门被锁住、打不开或者平时开着。
（27）用易燃材料做烟灰缸。

（28）清洗液随便放在屋内而且没有封口。

（29）许多废纸堆放在办公室内的一角。

（30）当发生火灾的时候，火灾警报或者灭火设备失灵。

（31）当被要求撤离发生火灾的建筑物时拖延或犹豫。

二、分析讨论

刘小姐是公司总经理秘书。早上上班时，刘小姐提前10分钟到公司。她首先把上司办公室的窗帘拉起，窗户打开，桌面的文件按照柜架上贴的标签分类码放，把计算机下纠结的电线梳理清楚，把上司到公司就要审阅的重要文件放在办公桌中间。然后，刘小姐用酒精擦拭自己办公桌上的电话话筒和传真机磁头，清洁自己办公区域的地面、桌面、柜台的卫生，整理自己保管的各类文件。之后，刘小姐又到接待室把书架上供阅览的资料、宣传品放回原处，码放整齐。做完这些，上班的上司和同事也陆续来到公司，开始一天的工作。

请分析和讨论：刘小姐值得我们学习的地方有哪些？

三、实地调查

请同学们分组检查一下你学习所在的教学楼、教室和居住的宿舍、就餐的食堂等处是否存在安全隐患，如发现请记录下来并向相关部门汇报。

参考工具箱

隐患记录及处理记录

序号	时间	地点	发现隐患	造成隐患的原因	隐患的危害和后果	处理人	采取的措施

设备故障维修单

时间		发现人	
设备名称			
何种故障			
维修要求		维修负责人	
预约维修时间		完成维修时间	

项目二　电话管理

任务一　接听电话

学习目标

掌握接听电话的基本步骤。

能够准确接听电话。

能够设计、填写电话记录表。

任务描述

明远服饰集团女装分公司，秘书宋辉上午 9 点半接到集团办公室秘书王亚的来电，要求策划部在本月底将今年下半年的工作计划、策划部的财务运营状况等情况进行上报。宋辉到下午下班时才想起这件事，汇报总经理李明，却忘记具体内容。

工作处理

正确使用电话，有助于创造良好的沟通气氛，提高办事效率，树立个人和组织的良好形象，接电话的基本流程是这样的：

（1）接听电话。

（2）主动报出自己公司的名称、自己的姓名、职务。

（3）询问对方公司名称、姓名、职务。

（4）详细记录通话内容。

（5）复述通话内容，以便得到确认。

（6）整理记录并提出拟办意见。

（7）呈送上司批阅。

相关知识

一、接电话的具体要求

1．接听

接听电话的时间：不要让电话铃声响过 3 声。如果因某种情况未能及时接电话，接起电话首先要道歉："不好意思让您久等了！"每一次通话从问候语开始。

2．自报家门、询问对方

自报家门：包括公司名称、职务、自己的姓名。询问对方要有礼貌：请问您是哪位？

3．记录内容

接电话的时间；对方公司、职务、姓名；电话的主要内容；接电话者，记录者；处理结果。

无论打电话还是接电话，必要的时候，都要有电话记录，要依据电话内容做好电话记录工作。记录时，要注意通话中的六要素是否齐全。这六要素通常称为"5W1H"：Who（是谁）、What（什么事）、When（什么时候）、Where（什么地方）、Why（为什么）、How（怎么样）。

电话记录示例：

__________公司电话记录表

时间		来电单位名称	
来电人		来电号码	
来电内容：			
拟办意见：			
领导批示：			
处理情况		记录人	

4．确认电话内容

重点需要再说一遍请对方确认的内容有：对方的电话号码；对方约定的时间、地点；对方所说的产品数量、种类；对方的解决意见；双方意见一致的方面和仍然存在分歧的地方。

5．整理记录，提出拟办意见

将自己在接听电话期间的记录整理出来，填写在固定的电话记录单。如果这件事你能够处理，那么尽快去处理；如果这件事需要上司处理，那么你要提出拟办的意见，呈请上司批阅。

二、甄别电话，正确转接

1．找同事的电话

接听电话，如果不是找自己的，切勿立即挂断。秘书经常会为同事代接、代转电话。首先确认同事是否在办公室，并说："请稍等。"如同事不在，应先向对方说明情况，再询问对方名字，在没有授权的情况下，不能随便说出对方所要找的人的行踪、私人电话号码。如果对方要求留言，要将来电者要求转述的内容准确记载在留言单上，并且及时通知对方要找的人。

电话留言单示例：

＿＿＿＿＿＿公司电话留言单

来电记录单	紧急
接收人姓名：	
留言人姓名：	
留言人单位：	
留言人电话：	
□将不再来电	□请你回电
□将来访	□已来访
留言内容：	
记录人	日期：　　月　　日　　时　　分

遇到自己无法处理的电话，秘书要告知对方会把该问题转告给负责处理这类事情的人员。如果不知道应由谁来负责此事，秘书也要告知对方这个事情不由你的部门来管，但你愿意帮助对方查看谁能处理。

2．找领导的电话

面对目的各不相同的电话，或是业务联络，或是推销产品，或是拉赞助募捐，都需要秘书先弄清来意，根据对方单位、姓名、事项判断是否转告上司。

（1）摸清对方身份。接这类电话的言语要热情得体，要求问清来电者的单位、姓名。若对方是你认识的，或主动表明身份的，这好办；若对方不马上说出身份，秘书就要巧妙地探听，可以说："李总正在开会，我可以转告说有他的电话。你能否让我告诉他，是哪位先生（女士）打电话找他？"切不可唐突地问对方："你是谁？"

（2）了解来电用意。确定对方身份后，接着要了解对方为了什么事打来电话。一般会问："请问有什么指示？"或"有什么要求吗？"也可以说："吴总还在会客，您有什么事可以转告吗？""请放心，我一定转告他。"如果对方仍不肯说出来意，那你只好借口上司真的无法接电话，请对方留下信息或电话号码，切不可盲目地转接给上司。

（3）决定由谁来接。经考虑后，迅速确定是自己直接回答，还是由其他同事接听，或请上司答复。

上司愿意接听的电话，在上司接听前应当将对方的基本情况和来电目的告诉上司。

上司不能马上接电话，让客人等一两分钟。秘书尽量不要让客人在等待中显得急躁，当他仍手持话筒等待时，秘书应当每隔 20 秒或 30 秒给客人打个招呼，如"对不起，请稍等一下""对不起，让你久等了，我们吴总一分钟之后就到"。

还有一种情况是上司在办公室，秘书为上司过滤电话。秘书在为领导接电话时，要根据来电的意图、重要程度，判断转接电话是否打扰领导正常的工作。对一般事务，秘书可代为答复，请对方留话，并记下对方电话号码。应由上司接听的电话，上司在而又实在忙，则轻搁电话，递张纸条，写明是谁来的电话，问上司是否接听。上司正在开会时，有打给上司的电话，为了不干扰会议的进行，一般不接转电话，按上司不在时处理；应由上司接听的电话，可用便条通知上司在会场外安静合适的地方接电话，避免干扰会议。如果是重要的电话，如突发性、紧急电话应立即转告上司。总之，以尽量不让上司的工作受到不重要的电话干扰为目的。

实训练习

一、案例分析

在河滨公司实习的秘书小魏第一天上班，被安排在接电话的岗位，由于心情十分激动，第一次遇到外来电话，铃声刚起，他就积极地抓起电话，“喂，你找谁？”第二次接电话时，是对方打错了，小魏一听就告诉对方：“你打错了。”然后就挂上了电话。第三次接电话时，电话响了，小魏在第二遍铃声后拿起听筒，对方没有说明来意就直接要找总经理，对方说：“请李总接电话。”小魏很兴奋地说：“李总外出和吉利公司的张老板打保龄球去了。” 对方说：“你知道李总的手机号码吗？”小魏热情地帮对方查了号，并在对方的道谢声中说了再见。他觉得自己处理得很好。请指出小魏做错的地方。

二、任务实训

1．实训目标

通过实训，要求学生掌握正确填写电话记录单的方法。

2．实训背景

（1）宏远公司和某某客户的合作，已经谈妥。这天下午，对方打电话来要秘书发合同的传真过去。

（2）华发公司销售部赵远要找办公室钱主任，秘书小孙告知对方钱主任不在。

（3）某顾客购买了本公司产品，在使用中出现了问题，顾客打电话来反映情况。

3．实训内容

如果你是该办公室秘书，请制作电话记录单，并根据实训背景正确填写电话记录单，要求格式正确、规范，要素齐全。电话记录相关内容自行补充完整。

任务二　拨打电话

学习目标

了解拨打电话的基本步骤。

能够准确拨打电话。

任务描述

明远服饰集团女装分公司秘书宋辉上午 9 点半接到集团办公室秘书王亚的来电，但没有记录，向李明总经理汇报时，无法提供准确信息，李明总经理要求宋辉再打电话去集团办公室询问清楚。

工作处理

在秘书日常工作中，电话沟通是不可缺少的形式。拨打电话包括以下步骤：

（1）准备提纲。

（2）核查号码。

（3）自我介绍。

（4）陈述内容。

（5）结束通话。

（6）整理记录。

相关知识

1．熟悉拨打电话的步骤

一般来说，应当遵守这样的程序：梳理通话内容→确认对方单位名称及电话号码→准确拨打对方电话号码→拨通后自我介绍→说出要找的人的姓名→礼貌性地寒暄→陈述通话事项→确认通话要点→礼貌性道别→挂断电话。

2．选择恰当的通话时间

秘书人员要确定打出电话的时间，既要有打电话的需要，也要考虑对方的情况，要考虑何时通话最好，通话多长时间妥当。除特殊情况外，公事最好在上班时间打电话，最佳通话时间是双方约定的时间和对方方便的时间。刚刚上班的前 40～60 分钟，特别是周一，往往是最忙的时候，人们一般不太愿意被电话干扰。万一不得已必须要在对方不方便的时候通电话，应当及时道歉并说明原因。

即使是私人电话，也应该避开用餐时间、睡眠时间和休息时间，而且通话有“三分钟原则”，即每次通话一般不要超过三分钟，宁短勿长。

3．明确通话的目的

打电话前要明确本次通话的目的，即电话要打给谁、为什么要打这个电话、要说什么事情等，以便拨通电话后能够迅速而有条理地说出所要交谈的事情。所以，在打电话前要仔细核对对方电话号码，确保一次拨号就成功通话，而且要准备好通话中要用到的文件、资料或数据等，甚至有必要在记事本或便条上先列出电话中要交谈的事情。通话时先把通话要点告诉对方，然后再详细说明内容。

4．端正通话的坐姿

打电话过程中不能吸烟、喝茶、吃零食，即使是懒散的姿态对方也能“听”出来。若坐姿端正、身体挺直，所发出的声音就会亲切悦耳、充满活力。因此打电话时，即使看不见对方，也要当作对方就在眼前，尽可能注意自己的姿势。声音要温雅有礼，以恳切之语表达。嘴与话筒之间保持 3 厘米的距离，适度控制音量，以免对方听不清楚而滋生误会，或声音粗大，让人误解为盛气凌人。

5．准确表达通话的内容

在确定对方是自己要找的人后，应当按事先准备的通话内容准确、清晰地表达给对方，对于特别重要或容易弄错的事项，如会议的时间、地点、出席要求等，一定要重点陈述，并可以重复强调，确保对方听清记住。对方如有疑问要耐心解答。如果在通话过程中电话掉线了，要马上重拨并向对方表示歉意。

6．礼貌地结束通话

通话结束，要礼貌地向对方道别，比如说“谢谢”“再见”等礼貌用语，不可只管自己讲完就挂断电话。挂机时先将听筒耳机一头朝下，按下叉簧，切断通话，再放下话筒一端。挂机后应再次确保电话切实挂断，否则影响来电呼入，甚至还可能造成泄密。

7．整理记录

秘书对拨出的电话都应当记录在案，以备日后查询。

电话拨出记录表示例：

____________公司电话拨出记录表

通话人		通话时间			
去电单位		去电号码		接听人	
去电内容					
通话结果					
处理意见					
告知部门		告知人			
告知建议					
备注					

实训练习

一、案例改错

下面场景中，秘书哪里做错了？

金秘书正在打电话，她把电话夹在肩膀与脖子之间，用手在一堆文件里翻：“刘经理，您好！是，是，是这样的。有件事情要跟您说一下。非常感谢您在上个季度对我们销售工作的支持和帮助，我们经理想跟您谈谈今后继续合作的事，您看什么时候方便啊，咱们一起吃个饭？”刘经理：“对不起，你是哪位？我听不出来。”“啊？我是谁？我是大地公司的金娜呀。”

二、任务实训

1. 实训目标

通过实训，要求学生掌握正确拨打电话的方法。

2. 实训背景

（1）根据上个月的经营情况，公司决定召开一次部门负责人会议。王秘书负责电话通知各部门经理开会。

（2）宏远公司定于 12 月 10—20 日举办新产品展销会，地点在市展览中心。刘秘书负责电话告知并询问各兄弟公司关于举办新产品展销会的相关事宜：是否派团参加；每个展位租金 3000 元；提前一个月订展台；提前 40 天汇报展出产品项目。

3. 实训内容

根据实训背景，正确拨打电话。

任务三　一些特殊电话的处理

学习目标

能够正确处理特殊电话。

任务描述

明远服饰集团女装分公司，秘书宋辉一大早就接到几个“让人心烦”的电话。第一个电话是产品展会打电话来，展台要涨价，这已经是展会第三次打电话来要求涨价了。第二个是恐吓电话，恐吓不许跟松彩传媒公司合作。第三个是产品销售部小李打来聊天闲谈的电话，啰啰唆唆说了好半天。

工作处理

秘书在日常工作中，经常会接到一些特殊的电话。面对这些特殊的电话，秘书应当根据自己的经验和具体情况，处理得灵活机动、周到全面。这包括：

1. 接听纠缠电话。
2. 接听恐吓电话。
3. 接听唠叨电话。

相关知识

一、纠缠电话的处理

这类电话都是为了达到自己的目的，会三番五次地打来电话。对这类电话，特别是态度不好的来电，秘书一定要冷静处理。对方的语调越急、越强、越快，秘书的语调越要平稳、舒缓、轻柔。秘书在接电话时应大度有礼、不怒不躁，不要被对方利用，但也要有原则。接听这类电话一般可用软中带硬的方法，比如回答产品展会的涨价电话，可以说："先生，您的意思我们已经知道了，请不要不断涨价，越涨越不利于我们的合作，请根据合同的要求，进行合作。"这类回答，软中带硬，是接听这类电话的有效表达方式。

另一种方式是彬彬有礼地干脆回绝，不留任何余地。如电话铃响了两下，秘书拿起话筒，听到一个流里流气的声音："我是参加此次展销会的客户，请问贵公司能否提供特殊服务。"秘书平静而坚定地回答："对不起，先生。您喝多了，我公司能为客人提供的全部服务项目都已经放在《酒店服务指南》里了，晚安。"醉酒客人提出的要求显然是无礼的纠缠，秘书果断而不失礼貌地回绝对方，不留任何余地。

二、恐吓电话的处理

有些人为了达到某种目的，会使用威胁的方式打恐吓电话，口气有轻有重，提出的条件不尽相同，但大部分都与经济利益有关。遇到这类电话，秘书要镇定，并马上做好录音工作，请示上司后，再做处理。

三、唠叨电话的处理

秘书经常会接到一些唠叨电话。面对这类电话，可采用善意的谎言，巧妙地回绝。产品销售部小李打来电话："你们办公室有个女孩子，大眼睛，长头发，白白的皮肤，叫什么名字，我想和她交个朋友，你能不能帮帮我？"秘书："下次再聊啊，我现在马上要参加一个重要会议，真的对不起，再见。"对于毫无意义的唠叨电话，继续接听既浪费时间耽误其他工作，又会让发话者得寸进尺。这时候，善意的谎言是最好的回绝方法。

实训练习

一、案例改错

下面情景中，秘书哪里做错了？

秘书小张接到了一个恐吓电话。对方态度很恶劣，声称一定要让老总亲自来接电话，否则不客气。张秘书说老板不在，让他过一会打过来，对方依然态度强硬。小张把电话筒放在一边，去做别的事情了。

二、任务实训

1．你正在打一个公务电话，这时领导走到你的办公桌旁。你知道电话还要打一段时间，然而领导一直在旁边等着可能会不耐烦。你是否应该：

（1）同对方说一下待会儿再打，然后挂断电话。

（2）用手捂住话机，轻声地对领导说你还需要一段时间才能打完电话。

（3）请对方拿着话机稍候，再同领导简短地说几句。

2．秘书小孙一次因工作被领导批评了，心情很不好，恰好电话响了，铃声响了两声以后，她拿起话筒说："喂，你找谁？"当得知对方打错电话时，她很不耐烦地说了声："您打错了。"就将电话给挂了。她的做法对吗？

3．情景模拟

情景描述：美伦化妆品公司秘书小董接到了一个投诉电话，客户王女士用了该公司青春系列的乳液，面部过敏，长满疹子。

模拟要求：请你以秘书小董的身份，接听及处理电话，要求符合特殊电话的处理规范。

项目三　邮件管理

任务一　邮件的接收

学习目标

掌握接收邮件的程序。

了解电子邮件的管理方法。

学会实物邮件收取的流程与处理细节。

任务描述

2015 年 5 月 11 日星期一上午，明远服饰集团女装分公司秘书宋辉收到了三封邮件。第一封是市工商总会吴宏铭会长发给总经理李明的一份市服装展销会邀请信；第二封是思远传媒有限公司发给李明总经理的证明信；第三封是李明总经理的私人信件，上面有“亲启”字样。

工作处理

邮件的接收是秘书接收投递过来的邮件并对其进行处理的过程。这包括以下环节：

1．邮件签收。

2．邮件分拣。

3．邮件拆封。

4．邮件登记。

5．邮件分发。

相关知识

邮件处理工作是秘书的日常工作。单位的邮件来源一般有两种渠道：一种是通过邮局或其他外部途径投递；另一种是通过网络发来的电子邮件、传真。

秘书每天上班要做的第一件事就是查收电子邮件和检查传真机等设备，看有无最新信息。电子邮件的信息如果需要汇报给上司，秘书可将信息全部或部分打印出来，然后与其他信件一起交给上司，并做好登记工作。

一、实物邮件管理工作

秘书人员收进实物邮件应当注意以下流程与细节：

1．收取

如果每天处理邮件数量较大，一般都在办公室之下设置专门的收发室负责邮件的收取，也有的单位在邮局租用专用信箱，每天派专人去取。无论采取何种形式收取邮件，都必须保证邮件的安全，要及时收取，不能损毁或遗失，特别是对挂号函件和特快专递等要逐一清点，履行签收手续。另外，收取邮件要与邮政每天的大体投递时间一致，保证按时、及时收取。

2．分拣

秘书人员可以根据单位的规定，或结合实际情况按照一定的标准分拣，如邮件的重要程度、紧急程度、部门名称、收件人姓名等。总的来讲，首先应该将私人邮件与公务邮件分开，将办公室内部邮件与外部邮件分开，将优先考虑的材料放在一起。只有进行了这样的初步分拣，下面的工作才能继续进行。

在日常的邮件处理中，秘书人员可以按照以下方法分拣邮件：

（1）按照收件人的姓名分拣。这是最容易操作的一种标准，但实际分类时很不方便，只适合于人数较少的公司或部门。

（2）按照收件部门的名称分拣。按一个部门一类的方法进行分类，如果邮件上写的部门本组织没有设置，则把它归入与此相近的部门，如写明“教育处”收的，可以归入本公司的“培训中心”。这种方法还可以与第一种方法结合起来用，先按收件部门的名称分拣，然后根据姓名归类。

（3）按照邮件的重要性分拣。秘书人员可以从两个方面去判断邮件的重要性：一是从来件人的姓名或来件单位的名称；二是邮件形式，如挂号邮件、保价邮件、快递邮件、机要邮件、带回执邮件，以及电报、电传和传真等，都是比较重要的邮件。

3．拆封

分拣之后，秘书人员要对属于自己处理的邮件拆封。秘书人员对邮件的拆封，既要考虑拆封的权限，又要注意邮件的安全。

拆封的方法是：将邮件立起在办公桌上磕几下，使封内邮件沉落在底侧，以免邮件留在封口边缘因拆封而受损。用剪刀、拆封器等工具沿信封上端开启，不要破坏邮件、邮戳和信封上的文字，保持信封的完整并保留信封。拆封不要用手撕。小心取出封内所有邮件，检查信件中所提到的附件与信封内所附附件是否相符，信纸信封上的地址、姓名等是否一致。如有不符，应当及时做好标记或与寄信人联系确认。

拆封时要注意：

（1）拆封时发现邮票丢失或邮票、邮戳不完整，应当说明。

（2）不能拆启标有“亲启”“保密”等字样的邮件，除非有领导的授权。

（3）如果误拆不该拆启的邮件，应当立即封口，在信封上注明“对不起，误拆”字样，签上自己的名字，尽快交给收件人，并致歉说明。

（4）如果是单位的订购邮件，应当找出当初的订购副本予以核对，看品种、规格、数量等是否一致。

（5）如果是单据、支票或账单、结算单等，应当及时转交财务部门等有关部门。

（6）如果是广告等宣传资料，有用的如有关行业、产品的资料等，应当保存好或转交有关部门。

（7）秘书人员如果经过授权可以对信函进行阅看，应该把其中某些重点内容圈点或勾画出来，以提示领导注意。

4．登记

秘书人员在拆封及查阅的过程中，对重点的邮件要进行登记，最好事先设计好邮件登记本（表），登记时写明编号、邮件主题、收阅人或部门、处理方法等。普通广告、推荐信等不需要登记。

5．分发

在对邮件拆封、登记之后，秘书人员要将邮件分别呈送给领导或其他有关人员。在向领导呈送邮件时，注意要将重要的邮件放在上面，一般性质的邮件放在下面，如果邮件需要参考资料，要将两者放在一起呈送。如果一份邮件需要呈送多个领导传阅，秘书人员可以根据实际情况在呈送时附上邮件转送单和邮件传阅单，以便很好地控制传阅过程。

二、电子邮件管理工作

秘书人员接受电子邮件要注意以下基本规范：

1．定期查看

秘书人员应当每天至少检查一次邮箱，查看有无新邮件，以免遗漏或耽误重要或紧急邮件的阅读和回复。对收到的有保存价值的邮件按类型设置文件夹，下载保存。需要有关部门或人员处理的，要及时转达。

2．及时回复

一般应当在收件当天予以回复，以确保信息的及时交流和工作的顺利开展。若涉及较难处理的问题，则可以先电告发件人已收到邮件，再择时另发邮件予以具体回复。注意需要回复的邮件要分别处理，如哪些是以上司名义回复的，哪些是以秘书名义回复的。

回复对方的邮件可以找回对方原始邮件点击“回复”，从而形成“回复+对方原始邮件主题”的主题，便于对方查找、处理与回复，但切忌出现“Re：Re”一大串的情形。

3．定期整理

秘书人员要定期整理收件箱，根据不同邮件的重要性和价值，予以不同的处理，要及时清理删除与公务无关的垃圾邮件，或已无实际价值的公务邮件，以及已被复制的其他公务文件，避免邮箱过于拥挤。

事务链接

XX公司电子邮件管理规定

随着公司管理水平的提升，电子邮件的数量也日益增多。为了维护集团及个人信息的安全性，保障邮件的传输的可靠性，保持工作的高效性，提高各公司内部的信息化应用水平，特制定本规定。

一、总结

1. 公司对员工电子邮箱进行统一规划和管理。

2. 公司鼓励和提倡各下属部门及员工采用电子邮件进行内部交流。

3. 员工或部门以电子邮件对外联系时必须使用本公司提供的、以相应域名为后缀的邮箱×××@××××××.net。

4. 公司邮箱用户的账号名以员工姓名的全拼或缩写字母为准，如有重名，允许用户自定义1～3位的识别码。已有账号员工可保留原账号不变。

5. 在职人员名片及集团其他对外宣传资料上必须印有以相应业务域名为后缀的邮件地址。

二、管理权限和职责

财务部负责公司邮件系统的管理和技术维护。

所有邮箱用户应熟练使用OA及外部邮箱收发邮件。

三、邮箱管理流程

1. 新申请流程。员工因工作需要申请公司域名的邮箱的，由所在部门提出申请，经分管领导审核后报总经理批准，同意后由所在部门向财务部申报开通，财务部门同时做好登记备案工作。

2. 使用人异动管理流程。员工因调职或离职不再使用公司业务邮箱的，由直管领导负责通知财务部执行注销，特殊人员的邮箱账号需要保留的，需经总经理批准后方可。

3. 对于长时间（超过一个月）无人管理的邮箱，公司有权予以注销并收回。

4. 公司邮箱仅限本人使用，禁止借给他人使用，禁止非工作用途将公司邮箱公布于外部网络。

四、邮件使用

1. 一般邮件内容不应超过 10MB，如需发送较大附件，建议将附件拆分后分开发送。

2. 禁止群发与工作无关的或有害社会、企业安定的邮件，因此被公安机关追究个人责任，或给公司造成不良影响及损失的，公司将从重处理。

3. 公司内部日常业务联系沟通应尽量使用 OA 平台或电话等其他即时联系方式进行，需传递资料等通过邮件发送的，需经分管领导同意并抄送给分管领导，尽量避免越级汇报或大量群发。

4. 需群发以及发送涉密文件需经部门领导同意后发送，涉密文件需加密处理后方可发送。

5. 各部门需通过邮件汇报总经理处理的事项，应发送给分管副总批示后予以群发。

实训练习

请同学们根据上述基本技能和必要知识点的学习，分组分角色模拟演练事务情境案例再现中秘书刘小姐处理邮件的过程，必要的内容可以合理虚拟补充。

训练 1

小刘是××集团机械设备公司新上任的办公室秘书。今天一上班，她收到了 10 份邮件，收件人分别为：

（1）××集团机械设备公司。

（2）××集团机械设备公司办公室。

（3）××集团机械设备公司钱××总经理。

（4）××集团机械设备公司财务部。

（5）××集团机械设备公司技术部。

（6）××集团机械设备公司营销部吴××。

（7）××集团计算机公司开发部。

（8）××集团足球俱乐部。

（9）××集团机械设备公司负责人。

（10）××集团总裁。

她应该怎样处理这些邮件呢？请帮助她列出一个具体的处理方案来。

训练 2

请分组讨论，秘书人员如何处理上司不在期间的邮件。然后请各组选出一名同学陈述本组同学的方案，最后由老师作总结。

训练 3

请模拟练习：准备一个信封和3～5张信纸，把信纸折叠好装入信封，把信封封好，然后再用剪刀把信封拆开，把信纸取出来。要求信纸折叠好后，略小于信封，以保证能够顺利地装入和取出，并且避免拆封时“误伤”信件。

训练 4

小王是××外企公司秘书。一次，他不小心误拆了法国总经理的私人信件。而且信里写的是总经理及其不愿他人知晓的隐私，这可如何是好呢？小王当时想，事情既然已经发生，就要勇于面对，不可藏匿不交，更不可私自销毁。误拆信封只是工作事故，而藏匿或销毁则是道德，甚至是法律问题了。当务之急是先解决问题，然后再分析原因。于是他采取了紧急应对措施。

假设你就是小王，接下来你会如何处理这件事？

训练 5

公司每天都收到大量的广告宣传资料，作为秘书人员的你负责公司的邮件处理工作，那么你将如何处理这些资料？

参考工具箱

邮件接收登记表

表格编号	收件日期	邮件名称（或主题）	收件人	备注

邮件转送单

日期：　　　年　　　月　　　日　　　时　　　分
送至：
发自：
□供您参阅，阅后请交回于我。 □供您参阅，阅后不必交回。 □阅后请安排时间并通知我就此邮件做有关讨论。 □阅后请答复这份邮件（答复件副本存档）。 □阅后请给我提供答复这份邮件的资料。 □阅后请注明您的意见。
意见：
备注：

邮件传阅单

<table>
<tr><td>信件名称</td><td colspan="2"></td></tr>
<tr><td>来信单位</td><td colspan="2"></td></tr>
<tr><td>收件时间</td><td colspan="2"></td></tr>
<tr><td colspan="3">拟办意见：</td></tr>
<tr><td colspan="3">传阅情况：

年　月　日</td></tr>
<tr><td>传阅顺序</td><td>阅读人签名</td><td>阅读时间</td></tr>
<tr><td>1</td><td></td><td>年　月　日</td></tr>
<tr><td>2</td><td></td><td>年　月　日</td></tr>
<tr><td>3</td><td></td><td>年　月　日</td></tr>
<tr><td>4</td><td></td><td>年　月　日</td></tr>
<tr><td>5</td><td></td><td>年　月　日</td></tr>
</table>

邮件批办单

<table>
<tr><td>邮件名称</td><td></td></tr>
<tr><td>发件单位</td><td></td></tr>
<tr><td>收件时间</td><td></td></tr>
<tr><td colspan="2">领导批示：</td></tr>
<tr><td colspan="2">拟办意见：</td></tr>
<tr><td colspan="2">办理情况：</td></tr>
</table>

任务二　邮件的寄发

学习目标

掌握寄发邮件的程序。

能够进行邮件的寄发。

学会实物邮件发出的流程与处理。

学会电子邮件发送的基本规范。

任务描述

明远服饰集团女装分公司总经理李明正在外地参加业务交流会。一天，秘书宋辉收到了销售部吴经理的电话，要求她立即寄发一份产品展销策划书过去。

工作处理

很多组织对外发送的邮件往往由办公室秘书统一寄发。整个寄发过程可以分为以下四个环节：

（1）邮件签字。

很多邮件在写好后需要领导签字，领导的签字会引起对方对邮件内容的格外重视，甚至有人在收到信后还会确认是否有领导签名。

（2）查核邮件。

（3）邮件封装。

（4）邮件寄发。

相关知识

一、实物邮件发出规范

秘书人员发出实物邮件应当注意以下流程与细节：

1．检查邮件

主要检查四项内容：一是检查名址，即检查信封上的收件人姓名、地址与信笺上的收信人姓名、地址是否一致，检查邮件人邮政编码是否书写正确；二是检查标记，即检查信封上应该有的标记如“保密件”“急件”及“亲启”等是否已经标注；三是检查签名，即检查需要上司签名寄发的邮件是否已由上司签署；四是检查附件，即检查应该附上的附件是否齐全、准确。

2. 装封、登记

邮件装封要考虑方便收件人拆阅，注意还要整齐美观，根据所使用信封的大小，信纸可采用二折法、三折法、四折法或不折叠。多页信纸应当按顺序折叠成一叠，不能单页折叠。若有附件，附件应当与信件正文分开，把附件折叠好放在正文的最后一叠中，这样收件人取信时，附件也会一同取出。将信纸放入信封后，封好封口。其他非信纸类的邮件酌情采用捆、套、盒等方式装封。装封要完整、规范。

装封折叠时宜将信纸上的上下或左右纸边与信封边缘之间留出大约 0.5 厘米的距离。

秘书人员在寄发邮件前，要对按挂号邮件寄发的信函、印刷品、特快专递等进行登记，在登记簿上记录日期、发件单位、性质、件数、份数、签收人等，防止邮件的积压和丢失，便于邮件的交接和查询。

3. 交寄邮件

到邮政窗口或专门的邮递公司，按照不同的寄发要求分类付费交寄，除平寄信函外，其他邮件要收执邮局或邮递公司提供的邮寄单据，以备将来核查之用。如是大宗的一般邮件，只需数清件数，一起交给邮局作为平信邮出。如需挂号，则必须一件一据，收据号码与邮件号码相符合，以备出差错时，凭收据寻查邮件下落。

二、电子邮件发送规范

秘书人员发送电子邮件要注意以下基本规范：

1. 准确填写地址

在地址栏准确无误地输入收件人的邮箱地址，不要因为马虎大意而输错对方邮箱地址，导致对方不能及时接收邮件。若要同时寄给其他人，则在“抄送”栏准确无误地输入其邮箱地址。

2. 简介概括主题

在主题栏简明扼要地注明邮件的主题，使邮件有意义，方便对方一看便明确邮件的要义，同时方便收件人查找、处理和回复。如果有必要，还可以在主题栏标示发件人姓名。

不要使用语意模糊的词句来表达电子邮件的主题，那样可能会被收件人误认为是垃圾邮件而直接删除。

3．得体书写内容

邮件正文如果不包括对方所要的资料，内容一般不超过两个页面，最好不要让对方拉滚动条才能看完邮件。如果事情复杂，最好“1、2、3”地列几个段落进行清晰明确的说明。一封邮件只包含一个主题，预计收件人需要分开处理的不同事宜，应该分多封邮件发出，以便于收件人分开处理。

邮件正文内容过多时，应当以附件形式寄出，而非直接粘贴，否则会引起乱码，导致信息不能正确传递。

4．讲究礼仪规范

比如，正文的第一句应当写上收件人的尊姓大名，并使用得体的称呼，如“先生”“小姐”等，以显示发件人的风度。再如，撰写英文邮件时不可全部采用大写字母，否则就像是发件人对收件人盛气凌人地高声叫喊等。

单位内部的电子邮件不要花太多的精力在打招呼和问候上，如果一句话就可以说清的，将内容写在主题上即可。

5．不忘结尾签名

要在每封邮件的结尾处签名，使对方可以清楚地知道发件人信息。签名档可包括姓名、职务、单位名称、电话、传真、地址等信息，但信息不宜行数过多，一般不超过 4 行，只需将一些必要信息放在上面。

秘书人员一定要注意电子邮件的保密问题，重要的保密信件要谨慎使用免费电子邮件发送，如需如此，必须做好保密措施。

三、常用邮政业务知识

邮政业务种类较多，秘书人员对以下业务应该更为熟知：

1．信函交寄的范围

信函适用于交寄书面通信、各种公文、印有“内部”字样的书籍、报纸、期刊、教材和各种资料；各种业务性书面材料，如稿件、提货单、请柬、征订单、协议、票据、入场券、邮票、照片、报表等；各种证件，如户口迁移证、户口本、团员证等。

2．邮寄信函的常见方式

一是平常信函，简称平信，收寄时不必出收据，处理时不登记，投递时不要收件人签收。二是挂号信函，收寄时出具挂号收据，处理时进行登记，投递时收件人要进行签收。三是特快专递，可以高速度、高质量地为用户传递国际、国内的紧急信函。

3．印刷品的交寄

印刷品交寄时，内部不可以夹带信函、现金及其他物品，邮寄时交邮局工作人员验视内件后再进行封装、交寄，不要投入邮筒或信箱，那样会按信函处理。挂号邮寄时，除按重量交付邮资外，还要交付挂号费。邮局收寄后出具的收据，要妥善保存备查。

4．特快专递的交寄

特快专递是一项快速的邮件投递业务，它可以高速度、高质量为用户传递国际、国内的紧急信函、文件资料、金融票据、商品货样等各类物品。按照服务方式可分为定时服务和特需服务两种。交寄特快专递需要在邮局购买统一的特快专递封套，按要求封装物品并填好相关信息，交前台办理。

实训练习

训练 1

今天，秘书小赵收到邮件后，把需要经理亲自拆阅的邮件按信封的大小摆放好呈交给上司，然后开始处理剩下的邮件。其中一份是客户寄来的产品资料，小赵把信封的封口撕开，对里面的几份文件进行了认真的阅读，并做了摘要记录。另一份是需要回复的商务信函，小赵看到此信需尽快回复，于是就用电子邮件的形式以上司的名义进行了回复。

请分析和讨论：小赵对此邮件处理有什么不当之处？并模拟演练正确的处理过程。

训练 2

请通过查阅书籍、网上搜索、实际考察等方式，获取其他与秘书工作相关的邮政业务办理的流程、要求与细节。

训练 3

请同学之间课下进行互发电子邮件练习，注意符合规范。

参考工具箱

邮件办理摘要表

（　　年　　月　　日至　　年　　月　　日）

日期	发件人	邮件内容摘要	办理情况

邮件发出登记表

序号	邮件内容	发件人	寄出时间	备注

项目四　办公室用品管理

任务一　办公用品购置、保管

学习目标

了解常见办公用品的种类。

了解办公用品采购程序。

能够正确填写办公用品申购表、库存控制卡。

任务描述

明远服饰集团女装分公司刚刚成立，办公室需要一批新的办公用品。经理李明将此次办公用品的采购和以后的保管工作交给了秘书宋辉。

工作处理

选购合理的办公用品，做好办公用品的管理工作，能提高工作效率，保证工作的顺利完成。办公用品的购置和保管包括如下步骤：

1．了解常见办公用品的种类。

2．遵循办公用品购置程序。

3．合理保管办公用品。

4．有效控制库存。

相关知识

一、常见办公用品分类

1．纸簿类。包括 A4、B5 等办公打印纸、复印纸，会议记录本，便利贴，备忘录，标签纸、信纸、信封、笔记本、直线纸、复写纸、卷宗、标签纸等。

2．笔尺类。包括铅笔、刀片签字笔、橡皮擦、夹子、胶水、胶带、钢笔、打码机、姓名章、日期章、日期戳等。

3．装订类。包括大头针、图钉、荧光笔、修正液、电池、剪刀、美工刀、订书机、打孔机等。

4．设备耗材。包括打印机墨盒、色带、计算机磁盘、空白光盘等。

二、办公用品采购程序

秘书应把握办公用品正常情况下每月的平均消耗量，根据实际用量和库存情况制订合理的办公物品购置计划，并将计划提前一个月报至主管领导审批。特殊办公用品、低值易耗品和通讯设备，必须经主管领导批准后由公司负责统一购买。紧急需求的小件办公物品秘书可以直接去商店购买。

1．由需要购买货物的人填写公司内部的“购买申请表”并签字。

2．由采购人员向供应商发出购买需求信息，各供应商会返回对应的报价单或估价单，经过采购人员比较、筛选，填写正式订购单并签字，说明订购货物的详细情况，发送给选定的供应商。该订购单需要授权人，即公司高级主管签字批准。同时要复制一份给会计部门，表示开始购货，准备付款。

3.当收到供应商的货物后，要对照供应商的交货单和自己的订购单检查货物，查明货物的数量、质量应当符合要求，将签收后的交货单送会计部门。

4．采购人员要根据收到的货物填写入库单，货物入库，库房人员要签字表示货物进库。

5．会计部门收到发票后，对照交货单、入库单和订购单，三单货名、数字应相符，经财务主管签字批准，支付款额或支票。

三、办公用品接收程序

秘书在收到货物后，应该立即办理办公用品和耗材的进货登记、检验、核对等各项工作，保证办公用品和耗材准确无误地入库。

1．先用订货单和通知单核对对方交付货物时出具的交货单及货物。

2．发现数量不对，应立即通知采购部门联系供应商。

3．接收数量的出入也应通知采购部门，以按真实数量支付货款。

4．接收的每一类货物的详情，应输入办公用品库存卡的接收项中。

5．接收后，要及时更新库存余额。

6．将接收的货物按照办公用品存储规定存放好。

7．订立物品发放制度，确定物品发放人。

入 库 单

品名	规格	单位	数量	单价	等级	件数	金额

四、办公用品的库存保管

1．库存控制

（1）填写库存控制卡

库存记录可以用手工记录在一连串的库存记录卡片上，或者在计算机中使用库存控制软件包、电子表格或数据库。无论使用什么系统，都是记录同样的信息。每一种物品都要有一张库存卡。库存卡用以登记、接收和发放物品，并使管理人员随时掌握物品的最大库存量、最小库存量和再订货量。

库存控制卡上的内容主要有：

① 项目——库存项目应准确描述，包括大小、颜色和数量，例如 A4 白文件纸。

② 单位——货物订购、存储和发放的单位，例如令、盒、包等。

③ 库存参考号——给每一库存项编号，经常与存放位置相联系。

④ 最大库存量——最大库存量是以防物品超量存储而保存的该项物品的最大数量，库存物品的数量在任何时候都不能超过这个最大量。

⑤ 再定货量——当库存余额达到这个水平，必须订购新的货物来使余额达到最大库存量，通过考虑多少物品需要能保证业务的运行、平均使用量、物品交货的时间长短来确定这个数字。

⑥ 最小库存量——最小库存量是以防物品全部被消耗完而保存的该项物品的最小数量，这样能够保证购买者在所有物品用完之前有充分的时间补充库存量。

⑦ 日期——必须记录所有行动的日期。

⑧ 接收——记录所有接收信息，包括发票号和供应商的名字。

⑨ 发放——记录清楚发放物品的数量，所发放物品的申请号和物品发给的个人/部门。

⑩ 余额——在每一次处理后计算物品库存余额。

（2）库存控制的作用

① 精确库存数量并防止被盗。

② 确保所需物品的充分供应。

③ 将库存物品所占的空间减到最小。

④ 避免物品被破坏或因过期而作废。

库存控制卡

物品：A4 标题纸　　最大库存量：50

库存号：100　　再订购线：20

存放位置：A1　　最小库存量：10

单位：令

日期	接收		发放			剩余库存量	订购			
	数量	发票序号	数量	代码	部门/职员		订购日期	数量	订购单序号	备注日期
1月1日						25	1月5日	30	A123	1月15日
1月2日			3	141	李力	22				
1月5日			5	159	王霞	20				
1月8日			2	163	朱涛	18				
1月15日	30	S193				48				

2．登记库存目录

库存目录包含库存目录系列序号、财产描述、财产消耗、供应商名称、接收日期、存放位置。各类物品要清楚地贴上标签，表明类别和存放地，以便能迅速找到物品。

3．库存保管中应采取的措施

（1）储藏间或物品柜要上锁，保证安全，减少丢失，储藏需要的面积取决于单位的大小。

（2）各类物品要清楚地贴上标签，表明类别和存放地，以便能迅速找到物品。

（3）新物品置于旧物品的下面或后面，先来的物品先发出去，这保证物品不会因过时而不得不销毁。

（4）体积大、分量重的放置在最下面，以减少从架子上取物时发生事故的危险。

（5）小的物品、常用的物品，如订书钉盒，应放在较大物品的前面，以便于找到和领取。

（6）储藏间要有良好的通风，房间保持干燥。

（7）储藏办公用品应有良好的照明。

实训练习

训练一

1. 实训目标

通过实训，要求学生掌握办公用品的采购程序和方法。

2. 实训背景

2014 年年末，大地公司秘书小林发现办公用品库存中的打印机墨盒、圆珠笔（黑色和红色）、涂改液和 A4 纸都快没了。小林准备在 2015 年公司办公用品采购计划中采购这几种物品。

3. 实训内容

请根据实训背景，采购上述办公用品，请正确填写“办公设备申购表”。

训练二

1. 实训目标

通过实训，要求学生掌握办公用品的保管方法。

2. 实训背景

上海某集团公司的秘书小张，因照顾家庭回到广州，应聘来到广州高科电子设备有限公司，成为办公室的一名秘书。上班之后，上司将办公用品的管理工作交给了他，并说在他来之前公司的办公用品管理有些混乱，小张决定开发一套专门针对公司办公用品入库、出库及管理的库存管理软件，借以加强办公用品的管理，提高工作效率。

3. 实训内容

请根据实训背景，帮助小张设计办公用品库存管理软件的模块，并请设计办公用品的订购单、交货单、库存单。

任务二　办公用品领用

学习目标

了解办公用品管理的要求。

能够有效管理办公用品。

能够正确填写办公用品领用申请表。

任务描述

上午，明远服饰集团女装分公司秘书宋辉正在办公室整理文档。销售部王军推门进来，说要领 5 令 A4 打印纸、两包 C6 信封。宋辉要他填写“办公用品领用申请单”。王军嘟嘟囔囔地说这还要填呀，他不会填。如果你是宋辉，请说说如何帮助王军填写这份表格，并说说该如何有效发放办公用品。

工作处理

秘书要保证办公用品适时、适量、按需发放，并对办公用品进行科学、有效的管理。合理利用办公用品，秘书应当做好如下工作。

（1）合理计划。

（2）建立严格的发放登记制度。

（3）专人发放。

（4）厉行节约。

相关知识

1．发放物品应有下列手续：

（1）指定人员发放。

（2）按单位的有关制度规定发放时间。

（3）紧急需要物品时必须有相应的处理程序。

（4）必须填写物品申请表，并由授权人签字批准。

（5）物品申请表包括下列细节：申请表编号、申领部门、物品名称（项目）、数量、特殊要求、发放人签字、领取人签字、授权批准人签字、日期。

（6）清点核实发放办公用品。

（7）提醒使用部门和人员节约使用办公用品。

办公用品领用申请单

<table>
<tr><td>领用物品名称</td><td>规格</td><td>数量</td><td>备注</td></tr>
<tr><td></td><td></td><td></td><td></td></tr>
<tr><td></td><td></td><td></td><td></td></tr>
<tr><td colspan="4">申请部门：</td></tr>
<tr><td colspan="4">申请人：　　　　　　　　　　　　　　　　　　日期：　　年　　月　　日</td></tr>
<tr><td colspan="4">主管审核：　　　　　　　　　　　　　　　　　日期：　　年　　月　　日</td></tr>
<tr><td colspan="4">发放人：　　　　　　　　　　　　　　　　　　日期：　　年　　月　　日</td></tr>
</table>

办公用品发放清单

时间	姓名	所领物品	数量	签领人

2．节约使用办公用品的措施：

（1）复印机。申请复印时必须填写有细节要求的申请表，并在复印前由主管人员签字批准。

（2）传真机。指定人员使用传真机，做登记并保留所有发送记录，其中包括日期、发送信息人的姓名和信息接收者的细节。

（3）计算机、打印机、互联网。昂贵的设备要限制使用；彩色打印要集中管理并由各部门独立核算成本；监督互联网的使用。

（4）电话、移动电话。减少私人电话；控制国内国际长途电话的使用；按单位有关规定使用移动电话；定期检查并核对电话账单以控制开销。

实训练习

1．实训目标

通过实训，要求学生掌握办公用品的发放方法和流程。

2．实训背景

明远公司财务部要领一些办公用品，包括尺子、胶水、胶带、复写纸、曲别针等。

3．实训内容

如果你是办公室秘书，请根据实训背景，演示正确的发放手续。

项目五　印信管理

任务一　印章管理

学习目标

了解印信的种类与式样。

熟悉印章制发的流程。

能够规范地使用和保管印章。

任务描述

明远服饰集团女装分公司行政部上个月新招聘了一名员工小刘。一天，行政部经理马新把总经理秘书宋辉叫到办公室，让宋秘书帮助小刘了解印章的基本知识和公司印章管理条例。

工作处理

印章是机关、单位对公文、证件生效负责的凭证，是其对内对外行使权力的标志。印章的管理，要注意如下事项：

（1）了解印章相关知识。

（2）遵循印章管理原则。

（3）严格遵循印章刻制、颁发、启用、停用与缴销程序。

（4）按照用印程序合理使用印章。

相关知识

一、印章概述

印章是印和章的合称，指刻在固定质料上的，代表机关、组织、单位和个人权力的图章。

1．印章的种类

一般来说，公务印章分为正式印章、专用印章、缩印、钢印、领导人手章、个人名章、校对章、戳记等。秘书部门掌管的印章主要有三种：一是单位印章（含钢印）；二是上司“公用”的私章，三是秘书部门的公章。

（1）正式印章。又称公章，是按照国家的规定，由上级领导机构正式审批、刻制、颁发给所属机构使用的印章。它标明机关或单位的法定名称，正式代表它所在整个机关或单位的权利、凭证和职责。

（2）套印章。按照正式印章的原样制版而成的，用于大批量文件，效力等同于正式印章。

（3）专用印章。专用印章是为履行某一项专门性业务而使用的印章，其刻制同样要经过严格的批准手续，不能乱制滥用。这种印章在印文中除刊有机关或单位的法定名称外，还刊有专门的用途，例如“合同专用章”“财务专用章”“发票专用章”等。专用印章不能代表整个领导机构的权利，只代表印章上刊明的适用范围，超过规定范围就没有法律效力。

（4）缩印。这种印章是依据正式印章和专用印章按比例缩小了的印章，主要用在各类票券上作为凭信，例如，常见的汽车票、发票等上面。缩印不能作为正式印章使用。

（5）钢印。一般是在需要粘贴照片的证件上的照片与证件的骑缝上加盖钢印，用以证明持证人身份，表示证件与照片相吻合。有时也用在各种票据的连接部位，表示两者相和，以防止伪造。但钢印不能作为文件、介绍信及其他票据凭证的有效标志，也不能独立使用。

（6）领导人手章。又称领导人签名章，是由领导人亲笔书写，而后照其真迹按比例放大或缩小刻制的印章。领导人手章和个人私章性质不同，它属于机关或单位的公务章和专用章一类，代表一个机关或单位的领导人的身份，是行使职权的标志，具有权威作用。它的适用范围很广，通常用于任命、调遣、罢免干部等重大事项。有些凭证不但要有机关或单位的印章，而且还要有领导人的手章或签名，这样才能生效，如合同、协议书、毕业证、聘请书、财务预决算，都需要加盖领导人的手章。

（7）个人名章。这类印章一般刻有职工姓名，如秘书人员、文书校对人员的名章，会计人员、出纳人员的名章等。个人名章的作用是代替手写签名，加盖在文件或凭据上以示负责。例如在报表、财务预决算、银行支票、合同等文本或票据上，都要加盖这类印章。

（8）校对章。专门用于校对、勘误文件或表格中个别错误之处，一般刻成“××校对章”的格式。校对章的作用主要是区别真伪，证明此处修改为文件所发单位本意，非哪个人随随便便地改动，以证明其修改具有法律效力。

（9）戳记。这种印章主要是为了方便工作，提高工作效率而刻制的，如文件的收文戳记，“内部文件”“秘密”“机密”“绝密”“急件”“注销”“现金收讫”戳记。这种印章可以减少工作人员的工作量，也可以使工作规范化。

2．印章的式样

印章的式样涉及质料、形状、印文、图案、尺寸等组成部分。

（1）质料。现代印章多用橡胶和塑料刻制，钢印使用铜质材料制作。近几年还有将色油或固体色料热压而成的“渗透印”和“原子印”，无须印泥可以连续使用万次以上。

（2）形状。现代机关、单位公章为正圆形，用于其他公务（如收发、校对、财务等）的印章也有长方形、三角形或椭圆形的。领导人和法人代表的印章一般仍为方形。

（3）印文。要使用国务院公布的规范简化汉字，字形为宋体，自左而右环形排列。领导人签名章则由个人书写习惯而定；民族自治机关的公章应该并列刊有汉字和当地民族文字。

（4）图案。县级以上政府机关、法院、检察院、驻外使馆公章的中心部分刊有国徽，党的各级机关印章刊有党徽，企事业单位公章则刊有五角星图案。

（5）尺寸。按国务院规定：“国务院的公章直径为6厘米，省、部级政府机关的为5厘米，地、市、州、县机关的为4.5厘米，其他机关、部门、企事业单位公章直径一律为4.2厘米（包括边框）。其他印章和戳记的尺寸大小可由使用单位自行确定。”

3．印章的作用

（1）权威作用。各级机关和各类单位由于有特定的地点和所辖范围，因此在一定层次和范围内具有权威性。例如，一切文件只有加盖印章才能产生效力，没有印章，该文件的权威性就无法证实，也不可能使人们遵照执行。

（2）凭证作用。印章是证明某个机关或单位合法存在的象征，它在机关单位的各项工作中具有重要的证明作用。例如，在对外交往中，出差人员的合法身份也必须由盖了印章的介绍信来证实，他出差中的公务活动也因此具备了合法性。

（3）标识作用。在日常公务和对外往来中，机关或单位必须有区别于其他机关或单位的标志，这一般是通过使用法定的名称来加以区别，而这个法定名称又是通过印章来做标志的。在制发文件、接洽业务、签订合同、开具证明等过程中，印章可明确表明该单位的合法身份。

二、印章制发流程

制发印章必须严格遵守国家有关文件的规定，其一般流程如下：

1．提出申请

任何机关、团体和企事业单位，都不准擅自刻制印章。需要刻制印章首先要提出申请，经机关或单位负责人审核通过。申请人填写刻制印章申请表、向秘书部门提交申请表、印章印模式样。

2．刻制印章

秘书部门持机关或单位介绍信、法人身份证复印件、本人身份证、组织机构代码复印件至公安部门指定的地方办理刻制事宜。任何机关未经批准一律不得自行联系刻章，更不得在私人摊贩处刻制印章。

3．领取印章

印章刻好后，应该安排两名工作人员持单位介绍信领取。领取印章时，要认真仔细地进行验收检查，主要是检查印章的质量是否符合要求，有无使用过的痕迹。如发现质量不合要求，应该按规定重新刻制。如发现印章已有使用过的痕迹或印章的版面上粘有红色印泥，应该立即报告当地公关部门备案查处。印章领取人在接回印章后，要及时向领导汇报，待领导验证后，根据领导的指示交给印章管理人员验收管理。

4．启用印章

启用新印章，应该由批准刻制机关颁发启用通知，并于文到之后方能正式启用。如由新印章取代旧印章，启用新印章后，旧印章同时作废。印章启用时，使用机构应该将印模和启用日期一并报送颁发机构备案，并要立卷归档，永久保存。

三、印章使用流程

使用印章的基本流程与技巧如下：

1．明确印章适用范围

秘书人员一定要明确印章的适用范围：机关或单位公章用于以该印章所刻印文名义进行的对外事务，如对外发文。领导人个人名章，须经其本人或委托授权人签字同意后方可加盖；机关或单位办公室印章可用于一般事务性的公文、介绍信、便函；部门印章使用范围只限于上下对口业务之间的查询、解答、催办、介绍和一般性的事务联系，一般情况下不得对外。

2．核查用印申请

需用印部门在用印前填写用印申请单，由部门负责人审查签字，再由单位领导人批准后方可用印。秘书人员盖印前要检查用印申请单，重点检查有无领导人批准用印的签字，对用印的文件内容与出示证明用途应该认真阅览，避免盲目盖印而出现差错。检查存查的资料是否齐全。

3．正确加盖印章

（1）位置正确、规范

通常文件盖印是上不压正文，下压成文日期，骑年压月。

钢印加盖在脖子和衣领以下与证件交接部分，不得加盖在照片上人的头部，更不得盖在脸上，以免凹凸作用使面部发生细微变化，影响辨认效果。

介绍信要加盖骑缝章。

（2）印迹清晰、端正

按印泥时要轻重得当，用力均匀，使印色浓淡合适。盖印不可以歪斜、颠倒、模糊、残缺。加盖钢印后，照片必须印有字迹或图案，不能仅有钢印外圆印迹，以免被仿造或自行更换照片。

4．履行用印登记手续

要建立详细的用印登记册，将用印编号、用印日期、用印单位、经办人姓名、内容、批准人姓名、签署的意见、发往何处、监印人姓名及留存材料等清楚填写。每次用印都必须进行详细登记，即使是为了证明某人为本单位的职工，或在包裹单、汇款单上加盖单位印章，也要严格履行登记手续，以备发生意外时查核。

四、印章保管规范

保管印章的要求与方法如下：

1．专人保管

机关或单位的公章应该有专人负责管理。领导人的手章可由本人自行保管，也可由负责人委托的代理人保管。

2．确保安全

印章应该放置在安全可靠的地方。平时必须放置在办公室的保险柜或铁柜中，做到随用随开，用毕及时锁上保险柜，不得图省事敞开保险柜或任意放置在办公桌上以及其他不安全的地方。节假日在放印章的地方应该加锁或加封条，如有值班应该做好值班交接工作。

3．保养清洁

印章管理人员要注意并及时保养印章和清洗，以确保印章耐用、图案和印文清晰。使用印章时，要注意轻取轻放，避免破损。

五、印章停用程序

一个单位或其分支机构在名称变更、机构撤并或因其他原因不复存在时，其印章停止使用。停用印章的程序如下：

1．发布停用通知

当某印章欲停止使用时，应当发文通知有关单位，说明印章停用的原因，标明停用印章的印模和停用时间。

2．处理作废印章

停用的印章应该严格按上级规定将其及时上交颁发机关封存，或按上级机关指示在领导或两个以上人员的监督下销毁处理。销毁方法有两种，一种是自行销毁，另一种是送刻字部门回炉销毁，但是都必须报单位负责人批准。

3．做好注销登记

原制发印章的机关对作废印章要予以登记注销。所有销毁的废旧印章都要留下印模保存起来，以备日后查考。

实训练习

训练 1

请教师提供模拟印章、印泥、文件样本，指导学生进行盖印练习。

训练 2

某公司要成立后勤工作办公室，请以公司办公室的名义代拟一份启用印章的通知。

参考工具箱

刻制印章申请表

编号：

<table>
<tr><td>日期</td><td>经办人</td><td colspan="2">申请印章名称</td><td>材质</td><td>形式</td></tr>
<tr><td></td><td></td><td colspan="2"></td><td></td><td></td></tr>
<tr><td>申请理由</td><td colspan="2"></td><td colspan="2">申请单位
领导意见</td><td>签章：
年 月 日</td></tr>
<tr><td>办公室
负责人意见</td><td colspan="2">签章：
年 月 日</td><td colspan="2">单位
领导意见</td><td>签章：
年 月 日</td></tr>
</table>

用印申请单

编号：

年　　月　　日

<table>
<tr><td>申请部门</td><td></td><td>申请人</td><td></td></tr>
<tr><td>用印事由</td><td colspan="3"></td></tr>
<tr><td>拟用印鉴</td><td colspan="3">公章 ☐　　合同专用章 ☐　　领导名章 ☐</td></tr>
<tr><td rowspan="2">批准人</td><td>部门经理</td><td></td><td>办公室主任</td><td></td></tr>
<tr><td>行政总监</td><td></td><td>总经理</td><td></td></tr>
</table>

用印登记表

日期	用印部门	申请人	事由	批准人	用印人	备注

任务二　介绍信管理

学习目标

了解介绍信的作用。

能够有效管理和使用介绍信。

任务描述

明远服饰集团女装分公司行政部经理马新把秘书吴倩叫到办公室，说以后公司的介绍信就交给她管理，让她思考一下如何管理和使用介绍信。

工作处理

介绍信是本单位工作人员外出履行公务、联系工作、商洽事宜的重要凭证。介绍信的管理分为两方面的工作：

（1）管理介绍信。

（2）使用介绍信。

相关知识

一、介绍信的种类

从格式上看，介绍信主要有便函式和联单式两种：

1．便函式介绍信

就是像书写便函一样将内容手写或打印出来的介绍信。但无论是手写还是打印，都要使用带有机关或单位名称的信笺纸。

2．联单式介绍信

就是由出具联和存根联两部分组成的介绍信，一般都是先设计好固定的格式，然后大批量印刷，使用时只需填写上相应的内容即可。

（1）便函式介绍信示例

XXXX公司

介绍信

___________：

兹介绍我公司__________同志等_______人前往贵公司联系___________事务，请接洽。

××××公司

年 月 日

（有效期×天）

（2）联单式介绍信示例

××××公司介绍信

（存根联）

NO.××××

___________：

兹介绍我公司___________同志等_________人前往贵公司联系___________事务。

（有效期 天） 年 月 日

（骑缝章）

NO.××××

___________：

兹介绍我公司__________同志等_________人前往贵公司联系__________事务，请接洽。

（有效期 天） ××××公司（公章）

年 月 日

二、介绍信的管理工作

1．掌握介绍信印制和保管方法

正式介绍信通常为专门印制并有编号，如果联系一般事务也有以机关或单位信笺代替。介绍信和公章一般由同一个人保管并使用，与公章须同等重视，不可缺页或丢失。如果有必要将介绍信分发各部门使用，秘书部门在分发空白介绍信本时要有严格的登记手续，并随时对各部门的使用情况进行检查。

2．明确介绍信适用范围及审批权限

一般情况下，介绍信仅限本机关或单位工作人员对外联系工作使用。出具机关或单位介绍信、办公室介绍信，一般按使用相应印章审批权限执行。对于不涉及本机关或单位重要事务的一般性事项，也可授权印章管理人员负责审核开具介绍信，对于一些下属部门较多的机关或单位，办公室工作人员为下级机关或单位开具介绍信时，应该检查是否超出职责范围，必要时，应该交负责人审批。

3．严格管理作废介绍信

介绍信开出后未用，应该让持有人交回秘书人员，粘贴在存根上，介绍信持有人如果将介绍信丢失，应该及时报告，涉及重要事项应该及时通知前往办事的单位，防止冒名顶替，严禁在空白介绍信上加盖印章。

4．认真填写介绍信

填写介绍信的方法与要求是：

（1）写清具体内容

填写介绍信的内容不能含糊笼统，如介绍去参见会议的应当写明参加什么会议，介绍去联系工作、商洽问题的应当写明联系什么工作，商洽什么问题，不要笼统地写“开会”“联系工作”等。

（2）写清有效限期

介绍信一般都有“有效期：××××年×月×日止”字样，一定要填写清楚，不能不填而出现无限期有效的介绍信，换言之，宁可有效期长一点，但不能不表明有效限期。

实训练习

训练 1

员工李强要去外地一公司洽谈一个合作开发项目，他是第一次和对方打交道，需要单位开具一份介绍信。请分组分角色模拟演练秘书人员为他开具介绍信的过程。

训练 2

下班前同事匆忙赶来，手里拿着一个信封，取出两张空白的公用信笺，请秘书小宋给盖单位公章，说是要办理住房公积金贷款，这两张是准备自己开介绍信用的，保证不做他用。请为上述情境提出有效的处理方法和步骤。

训练 3

为下面三人开具单位介绍信：

总经理李明去北京参加现代企业经验交流会议，会期 3 天。

生产部经理吴学华到上海采购原材料，时间估计 5 天。

财务部经理孙红到广州某公司催债，时间约 5 天。

参考工具箱

介绍信领用登记表

序号	领用时间	用途	前往时间	有效期限	使用人	批准人	领取人	备注

项目六　值班工作

任务一　安排值班

学习目标

掌握值班的工作任务。

能够制作值班安排表。

学会安排和管理值班。

能够按要求处理值班的日常事务。

任务描述

明远服饰集团女装分公司行政部秘书吴倩负责安排公司的值班工作。星期一早上刚上班，行政部经理马新就把她叫到办公室，冲她大发雷霆。原来马经理中秋节这天有一项紧急的工作，往公司值班室打了一上午电话，都没人接听。今天早上查看那天的值班记录，竟然是空白。

马经理责令吴秘书一定要加强公司的值班管理工作，要求她制定一份值班工作规范，进一步完善公司的值班制度。

工作处理

值班工作是秘书部门日常工作之一。加强值班工作，对于维护公司的日常工作和生产、保证安全、畅通与外部的联系有着重要的作用。要做好值班工作，包括以下几个方面的内容：

（1）明确值班工作任务。

（2）遵守值班工作规范。

（3）编制并执行值班表。

（4）记录值班工作内容。

相关知识

一、值班工作任务

秘书人员承担值班工作，主要应当从以下几个方面着手实施：

1．及时传递信息

值班工作的主要任务之一，就是要能够及时传递或处理来自各方面的信息，做到上传下达，沟通内外，使信息随时保持畅通状态，如上级的紧急通知、下级的最新问题等都能够及时向有关方面或人员通报，为组织决策提供有效的支持。

2． 做好来访接待

在值班期间，值班人员必须做好对来访者的接待，以良好的形象迎候来访者，无论是有约来访，还是无约来访，都要根据来访者的意图，做出合理的安排或灵活的应对。在接待来访者的同时，特别要有安全意识、保密意识，做到认真问清来意，礼貌查明身份，积极协助处理。

3．要认真处理函电

在值班期间，值班人员可能会收到内外部收发的邮件及文件，必须做好登记和收存，或及时传递，确保函件的无破损、无拆封、无丢失、无错收、无错发等情况。同时要认真处理值班期间的电话事务，礼貌地接打电话。另外，对于值班期间的函电，还要注意做好保密工作。

4．要正确处理应急事项

值班人员在完成正常值班任务外，还可能临时接到领导或其他部门交办的事项，也应当认真对待，及时完成。另外如果遇到突发性的紧急情况，如火灾、水灾、盗窃等突发事件，要做到遇事不慌，处变不惊，能够沉着、冷静、机智、果断地加以处理，采取适当的应急措施，如及时向领导汇报，就近组织人员抢救、抢险等。

5．要确保组织安全

值班工作的重要职责之一就是安全保卫，对于出入组织的人员和物资要严加审核，履行有关手续，做好登记和管理。如有异常情况发生，必须及时报告有关部门及人员，协助有关部门开展工作，以保证组织的安全。

6． 要详细做好值班记录

一是做好值班电话记录，主要包括来电时间、来电单位、来电人员姓名、来电内容、来电号码、是否需要回电等；二是做好值班接待记录，主要记录来访人员的姓名、单位、来访事由、联系方法、来访时间等内容；三是做好值班日记，主要对外来的信函、电报、传真、电话及来客和员工反映的情况、值班巡视情况进行认真登记，使接班人员保持工作的连续性。

二、编制值班表

值班表是将某一时间段中已经确定的值班人员姓名清晰地记载和标明的表格，是提醒有关人员按照值班表的要求值班，以保证组织整体工作的连续和完整的表格。值班表一般由秘书部门具体编写，与有关部门协商并报领导审定后执行。值班表常放在值班室、平时需要有人值班的办公室、节假日值班办公室、为某项任务的值班办公室。

1．值班表的内容

（1）具体值班时间和值班期限。

（2）值班人的姓名。

（3）值班的地点。

（4）负责人或带班人的姓名。

（5）值班的工作内容和相关要求。

（6）替班人的姓名和交接方法。

2．值班表的种类

根据值班任务的不同和面向范围的不同，通常可以把值班表分为以下三类：

（1）节假日部门值班表。这类值班表通常用于组织的某一个部门，如财务部、营销部、生产部等，值班时段通常相当于非节假日的上班时段。

（2）节假日总值班表。这类值班表通常用于组织的所有部门，统筹安排各部门的值班事宜，值班时段与节假日部门值班表相同。

（3）夜间值班表。这类值班表通常仅用于各个组织的秘书部门，是一个组织为了保证自身的不间断运转和应对夜间的突发事件而设立的值班制度，值班人员通常为该组织秘书部门的秘书人员，实行轮流值班制，值班时间为前一天的下班时间至第二天的上班时间。

三、值班工作的管理制度

1．岗位责任制度

规定值班工作人员必须坚守岗位，尽职尽责，无论发生什么情况，都不能擅离职守，也不能干私活。

2．信息处理制度

包括对各种渠道传递过来的信息的基本处理程序，比如下级单位用电话报送一条信息，值班人员应当如何记录、登记，哪一类信息应当报哪一级领导等。

3．保密安全制度

值班工作常常会接触到许多机密性文件和事情，应当制定严格的保密制度，包括外来人员的接待范围、各种信息材料的保管方式、不同密级信息材料的传递方式等。

4．交接班制度

交接班是为了保证值班工作的有序性和连续性，是值班人员沟通情况、明确责任的重要环节，必须有明确的制度规定。

5．请示报告制度

这一制度要求值班人员如遇到重要问题或无把握处理的问题，应先请示，后办理。对重要的、紧急的事情和信息，要及时报告，不得拖延或不报。对于特殊的突发紧急事件，可以边处理边报告，不可办而不报。

实训练习

训练 1

请为某公司编制一份春节假期值班表，具体内容可以合理虚拟补充。

训练 2

假设你是某公司的值班秘书，你在值班时，一个电话打入，一名访客到来，三封信件送到（一封紧急，一封普通文件，一封宣传信件），一名私人访客到来。

请完成：

（1）请同学配合，模拟演练你是如何灵活处理以上事情的。

（2）请设计并模拟练习填写值班工作登记表。

训练 3

某集团有限责任公司是“××”牌防盗门的专业集团公司。今天是秘书小李值班。上午九时，接到南京路专卖店营业员的电话，说一位家住静安区的顾客所需的N12型防盗门缺货。小李翻看仓库记录，发现仓库也没有存货，此时只有从淮海分店调货。因此，小李又打电话与淮海分店店长联系，得知有此型号的防盗门，他赶紧向淮海分店店长发出请求，请求调货给南京店，再让营业员小张请顾客留下地址、电话、押金，并开具收款凭证，让顾客回家等候，一小时后为其上门服务。

请完成：

（1）请将此案例进行情景设置，分组分角色进行模拟演练。

（2）请为小李制作出一份值班表，并把一天的工作填写好。

训练 4

这天，某公司行政部门秘书小孔值班。凌晨两点刚过，小孔突然闻到一股烧焦的味道，他立即顺着味道传来的方向查去，看到一个仓库的门缝冒出浓烟，“不好，失火了！”他飞快地跑回值班室，拨打 119 报警，接着拨打行政部门经理的电话，报告了情况，然后找出值班室的灭火器，拔出插销，严阵以待，防止火势向值班室方向蔓延。五分钟后，消防车赶到，迅速将火扑灭。事后经过调查，起火原因是老鼠咬断电线造成短路，引燃了仓库里的衣服。就这事，公司总经理在大会上表扬了小孔，由于他及时、正确的处理，使公司的损失降到了最低。

请完成：

（1）请分析和讨论秘书小孔的做法给大家带来的启示。

（2）请模拟演练秘书小孔处理这起值班中发生的突发事件的过程。

训练 5

（1）发现上周有工作人员代替他人打卡的记录。

（2）未见交班人或没有找到前一班的值班记录。

（3）收到一封发给销售经理的特快专递。

（4）接到电话，说公司一货车在××公路上发生车祸，具体情况不明。

小叶应该如何处理这些情况？

训练 6

请自拟情景，模拟练习并填写后面工具箱中的各种与值班有关的表单。

参考工具箱

值班日志

值班时间	年　月　日（星期　）	值班人	
值班记录：			
备注：			

值班日志

编号：

时间	日　时　分— 日　时　分	值班人	
记事		待办事项内容	
承办事项		接班人签字	
处理结果			

值班安排表

<table>
<tr><th>值班时间</th><th>值班人</th><th>值班地点</th><th>值班电话</th><th>带班领导</th><th>联系方式</th><th>备注</th></tr>
<tr><td></td><td></td><td></td><td></td><td></td><td></td><td rowspan="7">1．值班时间为每天的8：00—17：00；
2．值班人员要坚守岗位，认真负责，不准擅自脱岗</td></tr>
<tr><td></td><td></td><td></td><td></td><td></td><td></td></tr>
<tr><td></td><td></td><td></td><td></td><td></td><td></td></tr>
<tr><td></td><td></td><td></td><td></td><td></td><td></td></tr>
<tr><td></td><td></td><td></td><td></td><td></td><td></td></tr>
<tr><td></td><td></td><td></td><td></td><td></td><td></td></tr>
<tr><td></td><td></td><td></td><td></td><td></td><td></td></tr>
</table>

年　月夜间值班表

<table>
<tr><th>值班时间</th><th>值班人</th><th>备注</th></tr>
<tr><td></td><td></td><td rowspan="5">1．值班时间为前一天的17时到第二天的8时；
2．值班地点为公司夜间值班室，值班电话为：88886666；
3．值班人员要坚守岗位，认真负责，不准擅自脱岗；
4．遇有突发事件，随时报告办公室主任和相关公司领导
……</td></tr>
<tr><td></td><td></td></tr>
<tr><td></td><td></td></tr>
<tr><td></td><td></td></tr>
<tr><td></td><td></td></tr>
</table>

值班登记表

<table>
<tr><td>值班部门</td><td></td><td>值班人数</td><td></td><td>值班负责人</td><td></td><td>值班情况</td><td></td></tr>
<tr><td>值班人员名单</td><td colspan="7"></td></tr>
<tr><td>当班时间</td><td colspan="7">月　日　时　分至　月　时　分</td></tr>
<tr><td>接班时间</td><td>月　日　时　分</td><td>上班负责人签名</td><td colspan="2"></td><td>当班负责人签名</td><td colspan="2"></td></tr>
<tr><td>交接情况</td><td colspan="7"></td></tr>
<tr><td>当班执勤记录</td><td colspan="7"></td></tr>
<tr><td>来访接待及处理</td><td colspan="7"></td></tr>
<tr><td>来电内容及处理</td><td colspan="7"></td></tr>
<tr><td>人员出入记录</td><td colspan="7"></td></tr>
<tr><td>物品出入记录</td><td colspan="7"></td></tr>
<tr><td>安全消防记录</td><td colspan="7"></td></tr>
<tr><td>其他说明</td><td colspan="7"></td></tr>
<tr><td>交班时间</td><td>月　日　时　分</td><td>当班负责人签名</td><td colspan="2"></td><td>下班负责人签名</td><td colspan="2"></td></tr>
<tr><td>交接情况</td><td colspan="7"></td></tr>
<tr><td>备　　注</td><td colspan="7"></td></tr>
</table>

值班电话处理单

<table>
<tr><td colspan="4">时间：　年　月　日　时　分到　时　分</td></tr>
<tr><td>来电单位</td><td></td><td>发话人姓名</td><td></td></tr>
<tr><td>来电单位电话号码</td><td></td><td>值班接话人姓名</td><td></td></tr>
<tr><td>通话内容摘要</td><td colspan="3"></td></tr>
<tr><td>领导意见</td><td colspan="3"></td></tr>
<tr><td>处理结果</td><td></td><td>值班人签字</td><td></td></tr>
</table>

任务二　值班中突发事件处理

学习目标

了解突发事件的含义和种类。

能够处理突发事件。

任务描述

2015 年 1 月 2 日下午 5∶30，明远服饰集团女装分公司秘书宋辉正准备结束值班，回家休息。突然，电话铃响了，传来了急促的声音："出事了，请公司马上派人来。""先生，请你冷静一下，出了什么事，把事情说清楚。"原来，公司一辆送货的车和一辆大卡车相撞，司机重伤，另有 3 人受伤，车损严重，已不能开动，请求公司紧急处理。

工作处理

在值班过程中，极有可能遇到一些突发事件。能否处理好这些突发事件是对秘书综合素质的极大考验。虽然不同事件的处理方法不尽相同，但还是有一些程序可循。

（1）准确了解具体情况。

（2）尽快处理，及时汇报。

（3）妥善处理善后工作。

（4）有效预防。

相关知识

一、突发事件的处置工作

总会有一些偶发性（或叫突发性）即预料之外事件的发生，如地震、水灾、台风、火灾、有人闹事、交通事故、食物中毒、厂矿工伤事故等。对这些偶发性事件，应该及时掌握并妥善处理。

1．偶发性自然灾害的处置

（1）火灾的处置

值班员接到火灾的报告，要问清火灾地点、火情、扑救情况等，视情况而定：如是小火，报告领导即可；如是大火，在报告领导的同时，办好下列几件事：通知公安消防部门派人到现场；通知电信部门保证电话线路畅通；了解消防力量是否够用，如不够用立即向外地、外单位求援。

（2）风雹灾害的处置

灾害发生后，要立即报告领导；和受灾地区密切联系，详细了解灾害情况；根据领导意见，通知有关部门做好救灾准备，并把准备情况随时报告领导；通知办公室负责人做好准备，一旦需要，随领导一起赴救灾现场。

2．偶发性人为事故的处置

（1）较大食物中毒事件的处置

招待所、食堂、居民区发生的涉及人数较多，病情较重的食物中毒事件，得到报告，要做好下列几件事：立即向领导报告中毒地点、人数、病情；通知卫生防疫部门和医院做好救治准备，并迅速派医务人员和救护车辆前往中毒地点采取措施，如果本地医院住不下，还要向外地医院联系；报告上级领导机关和主管部门；协助医疗卫生部门联系抢救药品和运送中毒人员的交通工具。

（2）较大交通事故的处置

虽然机、车、船不一定属本地管辖，但发生在本地界内，当地领导机关有责任、有义务协助处理：立即将事故地点、大致情况向领导报告，并听取领导的处置意见；根据领导意见通知公安部门保护现场，维持秩序；通知卫生部门组织抢救；和事故涉及的有关单位取得联系。

3．刑事案件的处置

重大的刑事案件，如持枪杀人、抢劫银行、流氓团伙行凶伤人、公共场所爆炸等，处置要迅速果断，关键是立即通知公安部门组织力量奔赴现场，阻止事态的发展，抓获罪犯，尽量减少事件发生后的影响和损失。同时报告领导，进一步采取措施。

4．偶发性政治事件的处置

有人闹事、张贴反动标语、传单等属这一范畴。这类事件主要是通知公安部门采取措施。紧急情况，也可以先组织得力人员赴现场控制局面，同时通知公安部门。这里需要指出的是，有一些群众性的过火行为，必须区分两类不同性质矛盾，妥善处理，不能使其激化。如游行示威、静坐、冲击领导机关、罢工、罢课等，对这类事件一定要及时报告领导，听候领导的意见，报告有关部门处理。

二、处理突发事件的基本要求

1．赶赴现场协调处理突发事件（事故）。详细了解事件（事故）发生的时间、地点、经过、人员伤亡情况和损失情况，及时报告。

2．妥善处理善后工作。事件（事故）处理工作结束后，写出事件（事故）处理经过，报领导审阅后归档。

3．做好赴现场所需物品的保管和日常维护工作。

三、注意事项

1．注意“突发”的紧迫性，反应要快，行动要及时。

2．处理突发事件，既要大胆、果断，又要注意细致、稳妥。

实训练习

一、案例分析

2013 年 11 月，某市一家棉花仓库大火足足烧了 35 个小时，经过 500 名消防战士的力救，大火才被扑灭，成了该市触目惊心的大新闻。

当天凌晨 0∶45 分，在离仓库不远的码头处值班的孔某最先发现仓库冒烟，孔某立即赶到仓库，告诉另一值班人员陆某，两人随后到仓库查看，发现确有火情，便向值班干部吴某报告。1∶08 分，孔某打电话至科长家，称棉花仓库发现冒烟，问是否需要打 119 报警？科长表示要报警，同时吴某打电话给书记，汇报火情。宝贵的 24 分钟就在这样东请示西汇报的过程中悄悄溜走。1∶09 分消防部门接到报警，火速赶来，然而，星星之火已经燎原。

问题：

（1）三位值班人员在处理火情时错在哪里？

（2）面对紧急情况，秘书应如何应对？

二、任务实训

1．实训目标

通过实训，要求学生掌握突发事件的处理方法。

2．实训背景

（1）某制衣有限公司值班室接到公司仓库电话，仓库管理员报告成品库起火，火势较大，难以控制。

（2）某机械厂厂办值班秘书接到电话，说职工小曹在施工作业时不慎绞断了手臂，鲜血直流。

3．实训内容

如果你是值班秘书，你会怎么做？

三、思考借鉴

一家公司的员工在下班回家时遭遇车祸身亡，其家属纠集亲戚朋友冲进公司，硬要拉总经理去向死者磕头，总经理见势，赶紧回避了。其家属朋友不罢休，在公司里大吵大闹，弄得公司一片混乱。关键时刻秘书小仇挺身而出，冷静地向死者家属说："我们公司的员工，自然是我们的亲人，他的不幸罹难，我们都很悲痛，我是总经理秘书，我一定代表总经理前来吊唁，并参加治丧。与这次交通肇事有关单位的交涉及处理善后工作，我会向总经理请示并与有关部门协调，尽快给你们答复。"一席话说得对方哑口无言，虽然还有人蛮不讲理地要求领导出来，但许多人已不再胡搅蛮缠，一场风波基本平息。

小仇的做法，有什么值得我们借鉴？

模块二　接待事务管理

项目一　个人来访接待

任务一　有约来访

学习目标

了解有约来访接待的基本程序。
能够正确地接待有约来访。

任务描述

上午，明远服饰集团女装分公司行政办公室新进一名秘书小方，行政部经理马新让秘书宋辉向小方介绍有约来访接待地点工作流程。

工作处理

秘书是公司对内、外联系的桥梁，是上下信息沟通的枢纽，任何来访的客人都不可能绕开前台而直接接触业务部门，因此秘书的一项重要职责就是接待各种来访者，尽量帮助他们达到来访目的。

秘书应对每一位来访者都给予热情的接待，进而保证日常工作的顺利，高效运转。对于有约来访可按照以下的步骤进行接待。

1．事先确认。
2．提前向接待室或前台接待人员提供来访者名单。
3．迎候来访者。
4．查对预约登记。
5．做好来访登记。
6．向上司通报来访者到来。
7．引导客人。
8．介绍主客双方。
9．处理临时失约。

10．必要时帮助上司中断来访。

11．替上司接待来访者。

12．做好来访纪录，告知办理的程序和期限。

13．礼貌送别来访者。

相关知识

一、接待的分类

按照来访人的人数、规模分类，可分为个人来访和团体来访。

按照接待的准备程度分类，可分为有约来访和无约来访。

二、有约来访的接待工作

有约来访接待是指事先约定好的个人或者团体来访。一般会依时到访，公司人员已经事先做好准备，不会与其他工作发生冲突。

1．接待前的准备

（1）准备一份原始约会登记本，或者计算机登记系统，根据以往客户来电、来函、来人的预约记录，整理出当天已事先预约的来访者单位、姓名、职务、时间、事由、接待者，做成一份当日来访预约表，如有必要，可通过电话方式向来访者和被访者再次确认及提醒。

（2）建立来访者名片索引系统，用名片扫描仪将来访者的名片资料储存在计算机里备查，配合来访登记记录，合并成一套来访资料系统，这样既便于完整记载已发生过的来访及结果，也便于上司有事联系客户时，我们可以迅速地借此检索提供准确的信息。

（3）了解掌握企业内可以接待来访者的人员姓名、部门、职务、分机号码，以便及时安排接待。

（4）了解上司的活动安排。预先制一个表格，记下上司当天所有的约会安排以及外出行踪。每天早晨上班，秘书就要向上司汇报当天有哪些安排，提醒他预约的会见时间、地点和对象。这样可以提醒上司不要因为忙而忘记了同客人约好的会面，如果有重要客人突然来访或有要紧事时能随时同他联系。

（5）准备一些笔和便条纸，以便做必要的记录，或者来访者要拜访的人未在，记录其留言。

（6）在办公室的墙上放置一个留言板。当有关人员外出时，可以做个留言，这样可以使我们在工作时，随时掌握有关人员的行踪和有关情况。

（7）调整自己的穿着仪表和心态，这是接待工作中不可忽视的礼节，秘书要力求以良好的职业形象迎候来访者，给来访者以良好的印象。

（8）如果有名片，接待时一定要将名片随身携带好，当接受来访者名片的时候，应该礼貌地回送一张。

2．来访接待程序

接待工作是展示公司形象，反映企业精神、企业文化的一项频繁的商务活动，无论有预约和没预约的接待，都有着规范的接待程序和要求，都要求在见到客人的第一时间，应立即做出热诚欢迎的动作表情——“3S”语言，再区别有预约和未预约的客人进行接待。

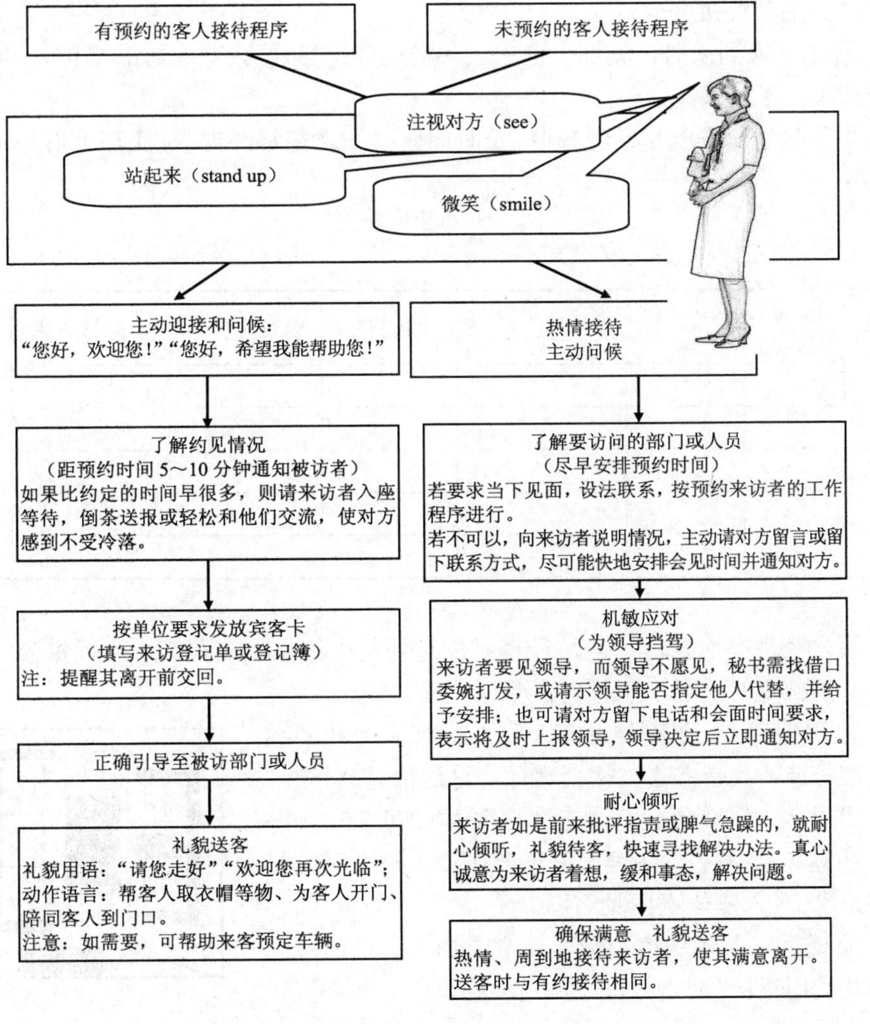

3．有预约接待的任务实施

（1）心理准备

日常工作中，秘书常常会同时处理几件事务，特别是接待工作，应注意热情、礼貌、周到地接待有预约的常经理一行及未预约的两名客人。

（2）整理接待室

① 请其他秘书工作人员协助整理、清洁接待室，打扫卫生，打开空调，保持适当温度；摆放鲜花及绿色花卉，令接待室美观，舒适。

② 准备有预约接待的相关材料及物品。

将与预约接待相关的材料提前准备好并放置桌上；茶具、茶叶、饮料放置到位。

（3）主动迎接和问候

① 当客人到来时，就迎上前去，热情问候："您好，欢迎您的来访！"填写来访登记单，了解情况。

当了解到对方就是常经理时，及时问候："您就是常经理啊，我马上通知张总。"

来访登记表

年　月　日

序号	来访时间	来访人姓名	来访人单位名称	来访目的	要求接见人	实际接见人	名牌号码

因常经理提前到达，请常经理到休息处稍事休息，端茶倒水，提供公司宣传材料。到预定时间后，引领客人到会客室。

② 引领客人。明确告诉客人要去的地点："我们经理正在等您，我带您去二楼会客厅，这边请。"引领时注意提醒客人楼梯状况，边走边与客人寒暄。

③ 进入会客室。将客人引进会客室，指引座位并沏好茶水。（入座位次图见右图）

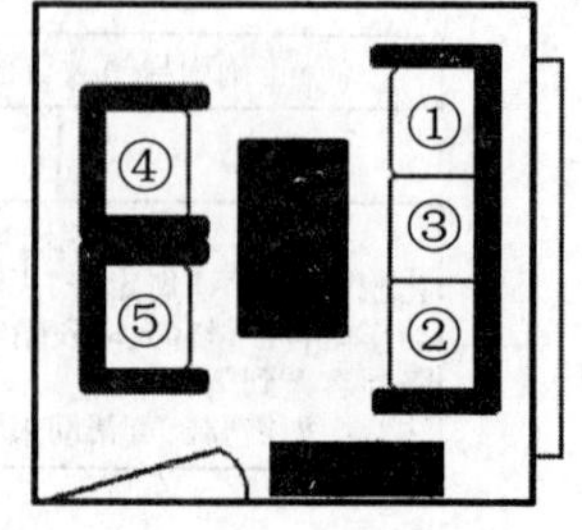

④ 送客。礼貌送客，帮客人拿衣物，送至门口，注意礼貌用语："请走好。"

实训练习

一、案例分析

一天上午，科研部办公室秘书小刘正忙着打印一份重要的研发报告，这是下午杨部长要向总经理汇报的。她想集中精力赶紧把报告打完，谁知道，一会儿一个电话，叫她通知这通知那；一会儿来一个人，让她解决这事那事。小刘忙得焦头烂额。

正在刘秘书懊恼忙乱之际，忽然有人敲门，心想：又是谁呀？但嘴里忙着说："请进。"推门而进的是一个四十几岁的中年男人。刘秘书见他进来，只好强打笑脸致意："您好！请问您有什么需要帮忙的？"来人说："我是泰达公司的洪金龙，想见你们杨部长，今天早上约好十点见面。"刘秘书一眼看墙上的钟，还差十分钟才到十点，就说："那您请坐会吧。"说完又低头忙碌起来。

请说说刘秘书哪里做得不对？应该怎么做？

二、任务训练

我院管理系学生会计划于 5 月 4 日联合本市几所大专院校举办一次"五四"青年节联欢会，学生会干部提前两个月发出邀请后，陆续有几所院校学生会干部前来询问相关事宜，作为学生会组织人员，应如何做好接待工作。要求：

1．写出接待详细程序及内容；

2．找 7～8 名同学，模拟这次接待。

任务二　无约来访

学习目标

了解无约来访的接待规范。

能够区别接待各类无约来访者。

任务描述

上午，明远服饰集团女装分公司行政部秘书小方正在整理文件，前后进来两个人，一个声称要见开发部陆经理，还有一个声称要见营销部吴经理。

工作处理

单个的来访者是秘书每天接触最多的，他们的来访目的往往具体、单一，一般不会占用过多的时间，也不会涉及较多的人，但发生的频率很高，特别是没有事先预约的突然来访，有时会打乱事先做好的工作计划。不论是有预约的接待，还是没有预约的接待，秘书都要以良好的职业形象热情接待，掌握迎送来访者的礼节知识和一般接待的程序，按要求热情接待每一位客人，填写好来访登记表。

相关知识

一、无约接待概述

无约接待是相对有约接待而言的，在接待来访工作中，当有特邀的客人或代表团来访，工作单位应安排人员接待，这是有约接待，即指事先与组织有约定的接待工作。还有一种是事先没有约定的、临时来访的接待工作，称无约接待。无约接待是秘书接待工作的重要组成部分。

1. 无约接待的特点

（1）无约接待的特殊性

在无约接待中，秘书接待的客人既可能是政府官员，也可能是新闻媒体；既可能是合作伙伴，也可能是竞争对手；既可能是外宾，也可能是内宾；既可能是熟悉的人，也可能是陌生的人；既可能是上级单位，也可能是下级单位，他们可能在国别、职务、身份、性别等很多方面具有复杂的特征。

（2）客人来访目的多样性和无法预测性

无约接待由于客人到来之前没有给组织和秘书任何的来访提示，是贸然来访，所以秘书无法提前预测客人来访的真正目的，是属于常规的业务工作的来访，还是非常规的来访，是受欢迎的客人，还是不受欢迎的客人，这些秘书都一概不知，所以无法做好接待前的准备工作。这就需要秘书具备较高素养，娴熟的接待技巧，临场发挥，随机应变，机敏应对。

（3）接待方式方法的多样性和技巧性

由于客人身份地位的复杂性和来访目的的多样性，就决定了秘书在接待的时候不能采用相同的接待方法，或者自己解决客人的问题，或者让相关领导接待客人，或者替领导挡驾，等等，要具体情况具体分析，区别接待处理。

2．无约接待的基本作用

（1）保障作用

社会组织一直处于与其他组织和个人的交往之中，有交往就有接待，接待以交往为前提并为交往提供保障。而无约接待是秘书接待工作的重要组成部分，搞好无约接待工作，一方面不仅可以保障组织的正常交往、运转，另一方面还可以替领导排忧解难，保障领导的正常工作不受干扰。

（2）公关作用

秘书人员在无约接待工作中，同时也发挥着公关工作的作用。接待工作质量的好坏，客人的满意与否，不仅关系秘书人员的个人形象，同时更在塑造着组织的形象。

（3）信息收集与沟通作用

在无约接待工作中，秘书人员要与来访的客人交谈、沟通、交流，既要向对方传递其所需信息，又要从对方了解情况、收集信息，必要时还要向领导和有关部门传递信息。

（4）“替补”和“挡驾”作用

即在不需要领导者出面接待时，或在领导外出或无法抽身时，由秘书人员直接接待客人，起“挡驾”作用和“代理”作用。

二、接待未预约来访者的工作程序

1．面带微笑主动问候来访者，礼貌友好地接待来访者。

2．联系有关部门或人员，确认来访者是否能被接待。

3．如果被访者可以接见来访者，则按照接待预约客人的程序进行。

4．如果来访者的事情确实有必要与公司的有关人员面谈，但当天确实不能找到适当的人与来访者见面，要立即向来访者说明情况，请其留言，并保证尽快将留言或预约递交给被访者。

5．如被访者虽有时间，但不想接见来访者。秘书可视情况而定，是直接告诉来访者不能接见的原因，还是找适当的借口，以免客人不悦。

分流客人一览表

不速之客	接待方式
上司熟识的上级、客户	热情招呼，引领客人到会客室就座，并快速通报上司，按照上司的指示接待
上司的亲属、朋友	请客人到会客室就座，并立即告诉上司，按照上司的指示接待
本公司的中层管理人员，如有急事要见上司的部门经理	立即通报上司
推销员	秘书初步判断公司有可能需要其推销的产品，则打电话咨询采购部门意见： 如果采购部门有意见面，可介绍指引客人前去； 如果采购部门对推销的产品不感兴趣，无意见面，可明确、大方告知对方； 如果秘书认为其推销的产品，公司根本不需要，则直接告知或留下相关资料； 如果推销员坚持要见上司，可请他留下名片和产品说明书，并告诉他，你会转交上司，如果上司有兴趣，会与他联系
不需要会见上司就能解决问题的来客	秘书在与相关部门的主管或相关人员联系后，介绍客人去洽谈。向客人指明该部门的名称、位置、路线，如果路线曲折难找，接待人员宜引领客人前往
其他不速之客	一般来说，接待人员宜等对方自报姓名、单位、职务和说明来意后，请示上司，由上司决定是否会见

实训练习

一、案例分析

案例 1

上午 10 点左右，某公司总经理有事外出，告诉秘书小王大约 20 分钟后回来。这时秘书小王来到总经理办公室看守电话。突然一位先生走了进来，说道：“小姐，你好！总经理到哪里去了？”

秘书小姐这时该怎样接待这位不速之客？

案例 2

一天上午，张秘书正在打印公司的销售计划，这时，来了一位不速之客。“李总在吗？”客人问。

“预约了吗？”张秘书张口就问，姿势没有任何改变，双眼仍盯着计算机显示屏。

“约什么约！我要找你们李总谈谈！”

小张朝客人瞟了一眼，觉得有点眼熟，但是想不起是谁，说：“你等一下。”说完起身走向斜对面会客室找李总，将客人一个人留下。在会客室里，小张告诉李总，有人找他，小张说：“有一点眼熟，好像是来讨债的。”李总不愿意见，小张顺利请示了如何处理销售计划中几个敏感数据的问题。

几分钟后，张秘书回到办公室对客人说：“李总不在，你回去吧。”客人表示不信，接着双方产生了激烈的争吵。

半个月后，销售部向李总反映，本公司销售机密泄露，部分客户的业务被别的公司抢走。

请分析张秘书哪里做得不对？应该怎么做？

二、任务训练

1. 实训目标：学会接待不约来访者，掌握替领导挡驾的技巧。

2. 实训内容：请两位同学进行模拟，一位扮演秘书，另一位扮演 B 公司的销售人员。销售人员突然来访，说是部门经理的老朋友，想见刘经理，秘书如何正确接待？

项目二　团体来访接待

任务一　接待的准备

学习目标

掌握确定接待规格的方法。
掌握接待方案的基本内容和要求。
能够制订接待工作方案。

任务描述

上午，明远服饰集团女装分公司总经理李明交代秘书宋辉，下星期二（5 月 12 日）金科公司王总经理一行 7 人，来公司参观学习先进的管理经验，让宋辉尽快制订出接待计划，做好相应的接待准备工作。

工作处理

接待来访团体，与日常接待相比较，时间长、涉及人员多、工作内容多，来访客人要求相应也多，因此秘书必须提前做好接待前的准备工作，要求了解来访人员的具体情况，制订接待方案；安排好来访团体的住宿、交通、行程及参观娱乐活动。

相关知识

接待来访团体是商务活动中的一项重要工作。秘书要周到细致地安排好接待事宜，就必须掌握接待工作的相关知识。

一、收集来宾信息

要成功接待来访团体，首先要了解来访人员的基本情况和来访目的、抵离的时间和日程安排，以及其他背景材料。获取信息越多，越真实，据此做出的接待方案才更具有针对性，接待工作才能取得成功。

1．来宾基本情况包括单位、人数、姓名、性别、年龄、身份、职务、宗教信仰、生活习俗、健康状况等。

2．来访目的

了解来访目的，接待才更具有针对性。应根据所获得的信息，全面分析、判断来访者的真实目的。

根据收集到的信息，分析判断其来访目的。
根据上级及有关部门的接待通知，了解来访目的。
根据与来访者联系交流，分析判断其来访目的。

二、确定接待规格

1．接待规格的种类

（1）高规格接待

主方的主要陪同人员的职务、级别比客方主要人员高。高规格接待表明对被接待一方的重视和友好。

（2）对等接待

主方的主要陪同人员与客方主要人员的职位、级别等同的接待，即是对等规格的接待。这是最常用的接待规格。

（3）低规格接待

主方的主要陪同人员的职位与级别低于客方主要人员的接待，即是低规格接待。这种接待规格常用于基层单位，比如上级领导到下属企业视察，其企业的最高领导的职位也比上级领导低，这就属于低规格接待。

2．接待规格的确定依据

（1）来访者的身份。

（2）双方的关系和利益。

（3）双方关系密切且事关重大或我方非常希望发展与对方的关系时，可以派出身份较高的领导人出面会见，即高规格接待。

3．对方的会见要求

4．一些突然的变化会影响到既定的接待规格

如上司生病或临时出差，只得让他人代替，遇到这类情况，必须向客人解释清楚，并道歉。

5．对以前接待过的客人，接待规格最好参照上一次的标准

三、制订接待方案

重要的接待一般应事先制订接待方案（计划），避免接待工作中出现漏洞，减少失误和不必要的疏忽，使接待工作顺利进行。接待方案主要内容包括：接待方针、确定接待规格、日程安排、经费预算、工作人员。

1．接待方针

接待方针即接待工作的指导思想，应根据来访者的目的、对我方的态度和双方关系来制订。对于寻求合作、来访目的友善、双方关系友好者，接待方针应热情友好；对别有用心、来访目的不纯、双方关系微妙者，接待方针应礼貌原则，不卑不亢。

2．确定接待规格

根据来访者中的最高职位者，明确本公司由哪位高层管理者主陪、其他陪同者、住宿、用车、餐饮的标准等。

3．日程安排

根据来访者的时间长短、来访的目的，安排好每日的活动。日程安排要周到、具体，包括日期、时间、活动内容、地点、陪同人员等内容。日程安排要紧凑、合理。一般以表格的形式列出。

××公司来访团接待日程（　月　日—　月　日）						
时间安排			内容安排	地点	陪同人员	备注
点　分			接站	火车站	××	
月　日	上午	8：30—9：30				
		10：00—11：30				
	中午	12：00	用餐	餐厅		
		12：30—13：30	休息	房间		
	下午	13：40—15：30				
		16：00—17：30				
	晚上					
……						

4．经费开支

方案中应对接待经费的来源（接待方全额提供、客人自理、双方共同担负）和支出做出具体说明。力求从简务实、反对铺张浪费。接待经费列支包括：

（1）工作经费：租借会议室、打印资料等费用；

（2）住宿费；

（3）餐饮费；

（4）劳务费：讲课、演讲、加班等费用；

（5）交通费；

（6）参观、游览、娱乐费用；

（7）纪念品费；

（8）宣传、公关费用；

（9）其他费用。

注意：

1. 严格遵守本单位有关接待方面的规章制度，不得擅自更改。

2. 由两个以上单位联合接待时，经费来源从开始筹划就必须确定。

5．工作人员

重要团体来访，秘书一个人无法完成所有接待前的准备工作，必须根据接待规格和活动内容组织一定数量的工作人员负责来访前的准备工作、接待期间的联络沟通、协调服务工作等。为保证接待工作顺利进行，可制订相应的表格，印发给有关人员。

工作人员安排表

时间	地点	事项	主要陪同人员	主要工作人员

实训练习

一、案例分析

新隆集团万佳公司经理秘书贺辉协助上司于2014年6月5日至9日，接待了来杭州进行合作项目洽谈的宏达商贸公司一行10人，6月5日，来宾到达，经理嘱咐秘书贺辉一定要提前10分钟到火车站迎接。贺辉为做到万无一失，安排车辆比平时提前20分钟出发到火车站，一路上，车行很慢，时有堵塞。原来6月4日至7日，是杭州和平会展中心要召开旅交会，结果贺辉等接站人员晚到了10分钟……

初次来杭州的客人对人间天堂的杭州景点非常有兴趣，西湖自然是必游之地，于是秘书贺辉陪同客人一同前往三潭印月。游玩中，客人提到听说租自行车游西湖比较方便，贺辉连忙跑去租车，但找寻了半天，也没找到自行车。骑车不成，客人提出去九溪十八涧。来宾看到茶树和采茶的工人，饶有兴致，边走边聊起了做茶的一些专业问题，当问到秘书贺辉时，贺辉平时对茶没太留心，只好说自己也不是特别懂。客人显得有些失望。

思考与分析：

（1）秘书贺辉接待来访团体的安排有何不妥之处？

（2）有人认为游览观光不是来访团的目的，因此不必特别用心安排，你怎么看待？

二、任务练习

请为下列案例，制订接待方案。

1. 天津康达建筑工程公司总经理李汉应我公司（南海创新集团，位于南海狮山）张强总经理邀请，于5月9日至12日来我公司参观考察。李总一行6人（除李总外有4位部门负责人，1位秘书），均为汉族，其中女士2人。李总经理此行主要是参观我厂生产车间、生产规模和经营项目，考察学习我厂近年来技术改革经验，洽谈技术合作事项。12日上午离开南海。

假设你是公司总经理办公室秘书，请制订接待方案，并负责此次接待活动的筹备、协调工作。

2. 我院管理系学生会与院学生会联手计划于5月4日联合本市几所大专院校举办“五四”青年节联欢会，发出邀请后，有3家大专院校最终商定参加联欢，管理系学生会成立了筹备小组，着手组织这次大规模联欢会，请你作为学生会组织者，拟定5月4日的对3家大专院校学生会及演职人员的接待工作方案。

任务二　接待的实施

学习目标

能够安排来访团体的接待工作。

能够做到热情、礼貌、周到接待。

任务描述

上午，总经理李明交代秘书宋辉，下星期二（5 月 12 日）金科公司王总经理一行 7 人，来明远服饰集团女装分公司参观学习先进的管理经验，秘书宋辉负责接待工作。

工作处理

接待的实施是接待工作中非常重要的一个环节，其中的任何细节，都会影响到来访者对接待方的整体印象，需要从各方面统筹协调好。

接待实施包括：

1．布置接待场所；

2．安排接待工作的流程；

3．周到的接待服务。

相关知识

一、安排接待场所

1．接待环境

（1）会客室的环境

包括会客室的绿化、空气、光线、颜色、办公设备及会客室的布置等外在客观条件。

① 绿化环境。室内的绿化应适当地摆放一些花卉或绿色植物；室外要绿意盎然，富有生气与活力。

② 空气环境。空气环境包括空气的温度、湿度、流通与味道四个因素。

③ 光线环境。光线亮度适中，太亮或太暗都不妥。

④ 声音环境。室内要保持肃静、安宁，这样才能使客人心情舒畅。

（2）人文环境

公司工作气氛、接待人员的个人素养等是在接待过程中体现出来的人文环境。主要包括两个方面：

①组织文化环境。组织文化是存在和发展的灵魂，同时也是接待过程中最能感动客人、能够给客人留下最深刻印象的东西。办公室里良好的工作氛围，让客人感受到这个团队是有凝聚力的团队，从而对单位留下良好的印象。

②接待礼仪环境。包括接待人员接待的态度、礼仪素养、接待过程的安排等。

2．接待物品

（1）必备用品

①办公设备。会谈时所用的桌椅、沙发、茶几。要求桌椅等要摆放整齐，桌面清洁，没有水渍、污渍。

②茶水与茶具。饮水机、茶具、茶叶、饮料要准备齐全。一般客人可以用一次性纸杯，重要客人可用正规茶具。

③文具用品。如接待中需要记录用的笔和纸等。

④书报架。为了使来访者排解等待的时间，还应放置书报架，摆放一些书报杂志、单位介绍等材料。

（2）辅助用品的准备

①接待用车。如迎送客人用的大小汽车。

②接待标志。如接待现场的欢迎标语和指示牌，接待人员统一服装和证件等。

③接待设备，如会见大型代表团使用的扩音器，部分会谈时需要的计算机、复印机、传真机、摄像机等。

④接待礼品。部分接待工作需要赠送礼品，尤其是一些涉外的接待工作。

二、接待工作规范

1．迎候来宾

（1）确定迎候时间

迎宾的时间要事先由双方约定清楚，在主随客便的前提下，首先确认来宾正式到达的具体时间，通过秘书人员诚恳地向对方表示将派人前往迎候。为确保迎宾工作万无一失，还应当在对方正式启程前再次确认一下，以免由于一些客观原因而发生变动。为确保迎宾活动不受影响，要提前 15 分钟左右到达迎候地点，以恭候客人的到来。千万不能准点抵达，更不能迟到或不到，否则会给客人留下不良印象。

（2）确定迎候地点

对于不同情况的来宾，迎宾地点往往有所不同。具体迎宾地点的选择要看对象的身份、双方的关系和自身的条件等。迎宾地点确认后，要让秘书人员及时准确地通报来宾方。一般情况下，迎宾的常规地点有：

① 交通工具停靠站，如机场、码头、车站等。

② 来宾临时住宿处，如宾馆、饭店、旅馆等。

③ 接待方办公地点，如办公大楼门口、办公室门口等。

④ 迎宾的常规场所，如广场、大厅等。

（3）确认参加人员

对于不同的来宾，要选择不同的迎宾人员，以表明对来宾的尊敬、重视程度。确定迎宾人员要注意：

① 限制人员数量。一般情况下，迎宾人员以少为佳，不必派出强大阵容。

② 注意人员身份。一般情况下，迎宾的领导要和对方主要来宾的职位对等、职责对口。

③ 明确人员职责。一般情况下，要将迎宾人员的具体工作划分明确，使其各司其职。

（4）做好现场确认

在来往人员众多的交通工具停靠站迎接素不相识的来宾时，首先必须确认来宾身份。常用的确认方法有：

① 使用接站牌。如写上“热烈欢迎××（单位）来宾”“××（单位）来宾接待处”“××（单位）热烈欢迎来宾莅临指导”等提示性文字。牌子要正规、整洁，字迹要大方、清晰，尽量不要用白纸写黑字。

② 使用欢迎横幅。文字内容与接站牌相似，通常以黑色毛笔写于红纸上，或将写在红纸上的字迹以一定的规格剪贴在红色布帛上，也可以直接将字迹印制在红色布帛上。字迹要精美，如果是剪贴则要端正。

③ 使用身份胸卡。迎宾人员使用统一制作的身份胸卡，专用于迎宾现场，内容包括本人姓名、单位、部门、职务等。胸卡大小多与名片相仿，长约 9 厘米，宽约 5.5 厘米。

④ 做自我介绍。有时在拿不准对方是否为我方迎接对象时，迎宾人员可以主动上前，自报家门，让对方通过自我介绍来确认一下自己是不是对方所要寻找的对象。

（5）注意施行礼节

在确认来宾身份之后，迎宾人员一定要注意迎宾过程中的相关礼仪。应当主动伸手与来宾热烈相握，握手时注视对方，微笑致意，并与之略做寒暄。如初次见面可以说“您好，欢迎光临”，对老相识可以说“很高兴再次相见”等。秘书人员要视情况做好来宾服务的工作，如步出迎宾地点时，主动为来宾领行李，提供专车或寻找出租车接送等。

（6）做好引导陪同

引导陪同是指在接待来宾时亲自为之带路或陪同对方前往目的地，也体现着接待方对来宾的礼遇，具体表现在引导者的身份、引导中的顺序和引导时的提示等方面。一般情况下，引导者多为接待方的秘书人员、礼宾人员、专门负责此事者等，如果来宾较为重要，则可以由接待方与来宾单位对口的负责人员出面引导。

引导中如果宾主并排行进，引导者应当主动在外侧行走，请来宾走在内侧，假若三人并行，通常中间的位置最高，内侧次之，外侧最低；如果宾主单行行进，引导者应当行走在前，请来宾走在后面，方便带路。如果出入房门，引导者应当先行一步，为来宾打开房门，请来宾通过后再轻掩房门，赶上来宾。如果出入无人控制的电梯，引导者应当先入后出，出入有人控制的电梯，引导者应当后入后出。

在引导过程中，遇到某些必要的情况，引导者应当向来宾予以介绍或提醒，如引导来宾进入大楼、会客室、休息室等处，应当向其说明这是何处；引导来宾上下楼梯、出入电梯、进出房间等，应当做出如“请这边走”这样的提示等。

2．送别来宾

秘书人员要在来宾离去的前几天或更早的时间，问清楚客人所需返程的车次、航班等详细情况，主动代其订购车票、船票或飞机票，并将票及时送到客人手中。秘书人员还要提前安排好送客车辆和人员。必要时，可以按照规定或惯例向来宾赠送有意义的小礼品。

按照事先约定好的时间，将客人送至车站、码头或机场。临行前，提醒客人不要遗忘物品。在来宾正式登机、上车前，与来宾一一握手作别。在车、飞机驶离之时，要面向对方挥手致意；在车、飞机离开自己的视线之后方可离开。

3．送别的形式

送别根据具体情况一般分为道别、话别、饯行和送行四种类型：

（1）道别

道别是指宾主双方临别分手，互相打个招呼。在公务接待中，遇到最多的是与登门拜访的客人道别。对接待方而言，不与来宾道别就是失礼。常规道别应当由来宾率先提出来，因为主人首先与来宾道别，可能会给人厌客、逐客的感觉。

（2）话别

话别是指在远道而来的客人离去之前，主人专程前往探望对方，并且与对方聚谈一番。按照惯例，在贵宾离去之前，接待方的主要负责人或其代表，应当专程前往与对方话别。这在正式接待特别是规格较高的接待中显得更为重要。话别的时间可以选择来宾临行前一天或离开下榻之处前夕，但不能打乱对方的安排或有碍对方的行程，所以要主随客便，并预先相告。话别的地点最好是来宾下榻之处，也可以在主人方的会客室、贵宾室或为来宾饯行的宴会上。参加话别的主要人员，应当为宾主双方身份、职位大体相当者。

（3）饯行

饯行是指在来宾离别之前，接待方专门为其举行一次宴会，郑重其事地为其送别，不仅在形式上显得热烈而隆重，而且会使对方产生备受重视之感，是日常迎送活动中的一种惯用送别形式。

（4）送行

送行是指重要客人离开本地时，接待方特地委托专人前往来宾的启程之处与对方亲切告别，并且送对方渐渐离去。有时，接待方甚至为来宾安排一定的送行仪式。接待中需要安排的送行对象是正式来访的贵宾、远道而来的重要客人、关系密切的协作单位的负责人、重要合作单位的有关人员、年老体弱的来访者等。考虑送行时不要耽误来宾的行程和干扰来宾的计划，具体时间则要酌情打出提前量。送行的地点通常是来宾的返还启程之处，如机场、码头、车站等。如果来宾有自己专门的交通工具，则可以选在其临时下榻的宾馆、饭店等处。

实训练习

训练一

1．实训目标

通过训练让学生了解日常接待事务的基本程序与注意事项。

2．实训内容

2007年1月15日，上海宏达公司总经理王时中安排秘书张华一个接待任务：1月18日，美国艾地公司副总经理Johnson先生来公司洽谈业务，请演练整个接待过程，包含前期准备、招待、送行等。

3．实训要求

（1）教师将班级人员分组，约10人为一组。小组可以根据所给的材料，适当地增加角色与情节。教师的考核需侧重于接待的程序与礼仪。

（2）有秘书实训室的学校可以在实训室里进行训练。如果没有实训室，也可以在教室里，小组成员根据情节布置场地进行模拟演练。

训练二

1．实训目标

通过训练让学生了解掌握团体接待工作，制订接待计划。

2．实训内容

宏达集团公司王副总一行 5 人，2006 年 11 月 20 日 10 点来上海宏达分公司检查工作，为期 2 天，22 日上午 10 点返回北京，请从分公司的角度演示整个接待过程。

3．实训要求

（1）小组可以根据所给的材料，适当地增加角色与情节。

（2）小组要制作成套的接待材料，如接待的工作安排、接待日程、接待计划等。

（3）教师根据学生的演示，总结团体接待需要注意的事项。将学生的演示情况与上交的材料综合打分，记入学生的平时成绩。

参考工具箱

接待申请及报告表

年　　月　　日

<table>
<tr><td rowspan="5">接待申请</td><td>接待时间：</td><td colspan="2">申请人：</td></tr>
<tr><td>接待对象：</td><td colspan="2">接待理由：</td></tr>
<tr><td>接待场所：</td><td colspan="2">接待内容：</td></tr>
<tr><td>出席人数：</td><td colspan="2">接待档次：</td></tr>
<tr><td>预算金额：</td><td colspan="2">其他：</td></tr>
<tr><td rowspan="6">接待报告</td><td>在何处接待</td><td>支出额</td><td rowspan="6">备注：</td></tr>
<tr><td></td><td></td></tr>
<tr><td></td><td></td></tr>
<tr><td></td><td></td></tr>
<tr><td></td><td></td></tr>
<tr><td></td><td></td></tr>
</table>

接待日程安排表

<table>
<tr><td>日期</td><td colspan="2">时间</td><td>活动内容</td><td>活动地点</td><td>主陪人员</td><td>工作人员</td><td>备注</td></tr>
<tr><td rowspan="7">月 日</td><td rowspan="3">上午</td><td>9：00—9：50</td><td></td><td></td><td></td><td></td><td></td></tr>
<tr><td>9：00—11：30</td><td></td><td></td><td></td><td></td><td></td></tr>
<tr><td>9：30—12：00</td><td></td><td></td><td></td><td></td><td></td></tr>
<tr><td rowspan="2">下午</td><td>……</td><td></td><td></td><td></td><td></td><td></td></tr>
<tr><td>……</td><td></td><td></td><td></td><td></td><td></td></tr>
<tr><td rowspan="2">晚上</td><td>……</td><td></td><td></td><td></td><td></td><td></td></tr>
<tr><td>……</td><td></td><td></td><td></td><td></td><td></td></tr>
<tr><td rowspan="2">月 日</td><td>上午</td><td>……</td><td></td><td></td><td></td><td></td><td></td></tr>
<tr><td>下午</td><td>……</td><td></td><td></td><td></td><td></td><td></td></tr>
</table>

来宾来场通知单

<table>
<tr><td>接待部门</td><td></td><td>主要接待人</td><td></td><td>接待人电话</td><td></td></tr>
<tr><td>来厂日期</td><td></td><td>在厂期限</td><td></td><td>交通工具</td><td>□自备车辆
□派车前往接送</td></tr>
<tr><td rowspan="2">来宾姓名</td><td rowspan="2"></td><td>职务</td><td></td><td rowspan="2">单位</td><td rowspan="2"></td></tr>
<tr><td>电话</td><td></td></tr>
<tr><td>来厂事由</td><td colspan="5"></td></tr>
<tr><td>请通知如下人员接待</td><td colspan="5"></td></tr>
<tr><td colspan="6">请服务台准备事项</td></tr>
<tr><td>第一会客室</td><td rowspan="2">公司资料</td><td rowspan="2">产品说明</td><td>咖啡</td><td colspan="2">普通中餐</td></tr>
<tr><td>第二会客室</td><td>茶</td><td colspan="2">特制中餐</td></tr>
</table>

项目三　商务宴请

任务一　宴请策划

学习目标

了解宴会的形式。
掌握宴座安排的方法。
能够策划宴会活动。

任务描述

明远服饰集团为答谢新老客户一年来的支持与合作，打算在年终以宴会的形式宴请新老客户，希望彼此加强沟通，增进了解，继续合作。经过领导商议，明远服饰集团共列出30位被邀请者，定于12月29日在天洋大酒店举行晚宴。吴董要王强秘书全权负责此次宴请活动的相关事宜。

工作处理

宴请是人际、社交以至国际交往中最经常的交往活动之一。一次完整的商务宴请包括以下内容：

（1）选择合适的宴请形式。
（2）细致具体地筹划宴会。
（3）按照宴请程序，宴请客人。

相关知识

一、宴请概述

1．宴请的主要形式

（1）宴会

宴会是相对正式宴请活动，按照规格可进一步划分为国宴、晚宴、午宴、便宴和家宴。国宴是最高规格的公务宴请活动，是国家元首或政府首脑为国家庆典或有外国元首、政府首脑到访时所举行的宴会。在其他宴请形式中，又以晚宴最为严肃，规格也更高。正式的宴会一般十分讲究排场，对宴会地点、餐具、菜肴酒水、餐具摆设、来宾的服饰、服务人员的服务水平和仪态等方面都有十分严格的要求。

（2）酒会

酒会是一种不备正餐的宴请形式，又称鸡尾酒会。这种宴请形式以酒水为主，略备简餐。食物可以包括冷盘、水果和点心等。酒会一般不设坐席，或仅设少量坐席，宾主可以随意走动。适宜双方自由地接触、交谈，气氛较为活跃。一些大型酒会也可以邀请乐队或播放轻音乐舞曲，在场地允许的情况下也可以让客人们跳交谊舞。

（3）工作餐

工作餐是一种以谈论工作为目的的宴请形式，一般在日程紧张、不便安排正式宴请活动时采用，宾主双方可以利用进餐时间边吃边谈工作，与餐人员一般都与某一特定工作或事件有直接联系。工作餐一般安排长桌，通常以快餐分食形式进行，也可以安排自助餐的形式。宴请的菜肴、酒水的程序从简，甚至采用快餐、西餐或配餐的形式。

2．宴请的位次安排

正式的宴请应当事先安排好桌次和席位。桌次和席位的排列依据，主要是国际惯例和本国的礼宾顺序，也要考虑客人之间的关系、身份地位、语言沟通、专业兴趣等因素。一般来说，应当把主宾夫妇和主人夫妇置于最为重要的位置。

桌次的排列原则：先排定主桌，其余桌次的高低以离主桌的远近而定，离主桌越近的桌次越高，离主桌越远的桌次越低，平行桌以右为高，左为低。如果桌数较多时，应当摆设桌次牌。

席位的排列原则：地位高低以离主人远近而定，右高左低。国外的习惯是男女穿插就座，以女主人为准，主宾在女主人的右方，主宾夫人在男主人右方。我国的习惯是按职务高低安排席位，以便于交谈。如夫人出席，常常把女士排在一起，译员一般安排在主宾右侧。如遇特殊情况，可以灵活掌握。

二、宴请策划

宴请活动，可以联络感情，沟通信息。秘书人员应该善于筹备、安排宴请活动。

1．确定宴请形式

宴请的种类一般有正式宴会、非正式宴会、冷餐会、酒会、茶会、工作餐等。

宴请时应当根据宴请工作内容进行选择，如礼仪性的宴请采用正式宴会的形式会比较合适。目前，礼宾招待宴请工作越来越注重实际效率和效果，形式趋向简化。

2. 确定宴请地点

一般来讲，宴请的举行地点要求环境优雅、设施齐全、服务可靠、菜肴美味，同时要考虑宴请的规格、形式及交通等因素。

3. 确定宴请时间

确定宴请的时间是要考虑宾主双方的情况，尤其是来宾方面，如欢迎宴会一般应当安排在客人到达当天，最晚不超过第二天。另外要考虑到客人的习俗，宴请外宾时还要考虑世界各地的用餐时间差异等。

4. 及时通知来宾

秘书人员要事先通知来宾宴请的时间、地点和与宴人员，通知的信息一定要准确。如果需要接送还要安排好交通工具。

5. 布置宴请现场

宴会厅的布置除了选择桌型、餐具、酒具及音响、装饰外，重点工作有两项：

（1）安排桌次

桌次即桌位的高低次序，表明各桌就座人员的身份。两桌和两桌以上的宴会一般应当排桌次。排桌次首先要确定主桌，安排主人和主宾就座。安排桌次要遵循“中心为上”“远门为上”“以右为上”的原则。

（2）安排席次

席次即同一桌中的桌次高低，一般情况下，主人面朝正门和所有来宾居中而坐，其他席次的高低以离主人远近而定，同时遵循右高左低的惯例。秘书人员在排座位前，要先落实主宾名单，然后按礼宾次序排列。

6. 认真拟订菜单

宴请的酒菜安排应该根据接待的规格、预算的经费和宴请的形式来确定，一般要注意以下几点：

（1）了解客人忌好

订菜前要了解客人的喜好与禁忌，尤其是对客人的饮食禁忌不可马虎。菜单开列出来后，请领导审核后再实施。

（2）体现地方特色

在尊重客人的忌好、照顾客人的饮食习惯的前提下，尽可能地安排具有地方特色的菜系，能够使宴会更成功。

（3）把握品种数量

菜肴的品种要丰富、味道要多种、造型要美观，同时宴请的道数和每道菜的分量要适中，不可过多或过少。

7．注意宴客礼仪

宴请的准备工作就绪后，在整个宴宾过程中，秘书人员还要注意一系列的礼节：

（1）迎接礼仪

秘书人员应当陪同上司在迎接客人到来的宴会厅门口等待客人的到来。客人到达后，宾主相互握手问好。然后秘书人员可以引领客人至休息厅小憩，为客人准备茶水和擦洗手的干湿纸巾。

（2）开宴礼仪

开宴时需要注意客人的落座，如果事先已经安放了席位卡，也需要引座；如果没有安放席位卡，则需要有秩序地引领客人入座，先主后次，一批一批地领到座位上。

（3）致辞礼仪

主宾双方可以在入席后发表讲话来表达某种意愿。如果是上司讲话，秘书人员可以适当为上司做介绍；如果是秘书人员作为代表发言，最好简短一些，注意热情、礼貌、轻松。

（4）席间礼仪

如果给客人敬酒，要以座次的顺序为序，从主到次进行，而且碰杯不可碰得太响。席间秘书人员要注意活跃宴会气氛，使大家愉快就餐。

（5）欢送礼仪

主人宣布宴会结束前，秘书人员不要中途离席。就餐完毕，客人起身告辞，秘书人员要陪同上司送主宾至门口或车前，热情话别，甚至送到宾馆。

实训练习

一、案例分析

一次，A 公司召开座谈会，邀请 B 公司参加，B 公司到会人数为 15 人。为方便工作、密切 A 公司与 B 公司的关系，A 公司决定，会议结束后共进晚餐。

负责这次接待工作的秘书小张接到任务后，慌慌张张来到宴会现场安排。谁知道，忙中有错，小张拟写宴席座位方案时，漏写了应排在主桌的 B 公司冯副经理，这样一来，席桌上的入席人员座位名单中就缺少了 B 公司冯副经理的名字。入席时，站在旁边的秘书小张突然看到冯副经理在找座位，不由得心里一惊，头上直冒冷汗。如果你是秘书小张，你应该怎么办？从中应该吸取什么教训？

二、任务训练

训练 1

请同学们分组自拟情景，画出常见的宴请座次示意图。

训练 2

请同学们分组自拟情景，画出常见的宴请席次示意图。

任务二　宴请程序

学习目标

了解宴请的程序。
掌握宴请接待的技巧。

任务描述

12 月 29 日，明远服饰集团在天洋大酒店举行晚宴，宴请新老客户，答谢他们一年来的支持与合作，希望彼此加强沟通，增进了解，继续合作。董事会吴强秘书将随同集团高层领导出席这次晚宴。

工作处理

宴请作为企业经常性的商务活动，通常是由秘书按照上司要求来安排落实的，无论是普通的便饭，还是隆重的宴会，宴请都有着十分明显的商业目的，都体现着企业的公关理念，也反映出我们秘书的礼仪水准以及组织能力。怎样邀请对方？怎样精打细算？怎样合乎礼仪规范？怎样突出效果？怎样达到目的？怎样确保顺利进行？怎样处理突发意外？事无巨细，都得我们用心谋划周到安排。

相关知识

非正式宴请无须讲究程序，只要双方彼此呼应就行。正式宴请的程序如下：

1．迎客

秘书提前到达宴会场所，检查相关设备和准备工作。视宴请规格和来宾的重要性，在不同的地点迎接客人。社交宴请，作为主人的上司应在门口迎接客人，作为助手的秘书则应陪伴在其身后，协助与引领其应酬。商务宴请，上司一般在宴会厅内与客人寒暄，而秘书则作为主持人，站在门口迎候和招呼客人。秘书作为上司的代表，应恰如其分地行使自己的职责，既不喧宾夺主，又能面面俱到。迎接到客人后，秘书或其他同事将其引至休息厅或直接引见给上司。休息厅内应有招待员照顾客人，或由其他接待人员陪同聊天，待主宾到达后，由上司陪同与其他客人见面打招呼。对到来的客人，不论生疏主次，都应热烈欢迎，热情接待，并设法使客人之间有机会认识和交谈。

2．入席

主人陪主宾进入宴会厅，先在主桌入座，全体人员陆续入座，也可以等主桌以外的客人都已坐定，主桌人员最后入座。入座时，背对门口的座位一定要由主方人员来坐，这是个下座。主客入座后，宴会开始，通常由主办方代表或秘书作为主持人当众宣布宴会开始，并介绍主办方的领导、主宾。

3．致辞

致辞要事先准备好，一般主人先讲，客人致答辞，也可由宴会总监致答辞。上司的祝酒词一般先由秘书拟写，再请上司过目，提出修改意见。祝酒词要求结构规范，语言精简明确，充满诚挚友好的欢迎和答谢之意。

4．敬酒

入席后，主人应招呼客人进餐，并率先给客人敬酒。敬酒应以年龄大小、职位高低、宾主身份为序。主宾双方相互祝酒时，所有客人都应高举酒杯向主人示意，然后再在餐桌上相互交叉碰杯。

5．交谈

席间主人要引导客人愉快地参与交谈，巧妙地选择话题，使席间充满和谐愉快的气氛。要亲切友好地与同桌的人交谈，特别是左右邻座，不要只同一两个人说话。说话要掌握时机，内容要看交谈的对象，不要夸夸其谈，或谈些荒诞离奇的事而引人不悦。

6．散席

吃完水果，主人与主宾起立，宴会即告结束。主宾告辞，主人送至门口，主宾离开后原迎宾人员顺序排列与其他客人握别。

实训练习

1．实训目标

通过实训，要求学生掌握宴请客人的方法。

2．实训背景

某公司为了庆祝公司成立十周年，计划举办一个庆祝大会及晚宴，邀请上级部门领导和各方客户出席。

3．实训内容

根据情景的内容，设计以下内容：

场景 1：模拟秘书陪同总经理在酒店门口迎接客人直至散席送客全部过程。

场景 2：模拟在宴请过程中，出现下列情况时的处理方法：宴会进行过程中，气氛比较沉闷；就餐过程中，客人不慎打翻了酒水；宴会上，你的上司或客人醉酒。

参考工具箱

接待用餐申请表

年　　月　　日

接待负责人		部门		职务	
来宾负责人		单位		职务	
来宾人数		用餐时间		陪客人数	
接待事由					
用餐规格					

厂长：________经理：____________主管：_____________经办人：__________________

模块三　服务事务管理

项目一 时间管理

任务一 制订工作日志

学习目标

了解工作日志的内容和制订依据。

掌握填写和修改工作日志的方法。

能够制订上司和秘书个人的工作日志，做好日志的管理和更改工作。

任务描述

维护和整理了周围的办公环境，一天的工作也按照常规有条不紊地完成了，宋辉看看表，离下班时间还有半个多小时，应着手制订明天的工作日志了。明天上司的工作任务有“接待布莱尔公司代表团、参加部门经理会议、进行百色俱乐部午餐会晤、招聘面试新员工。秘书个人任务：安排“十一”值班工作、进行办公用品发放、安排修理打印机、写好个人工作总结。宋辉需要制订上司和秘书第二天的工作日志。

第二天上午，宋辉为上司送上茶水和工作日志，上司告知部门经理会议改在下午，另外针对目前国内外市场的中国民族服装热，公司有意向与韩国广田百货有限公司合作开发韩国服装市场，让宋辉搜集相关资料，尽快给他答复。请根据实际情况更改和补充日志。

工作处理

在实施任务前，要明确工作日志的制订依据、内容和填写方法，然后根据工作日志制订的正确方法和步骤制订上司和秘书的工作日志；当情况变化时，需要及时更改日志，即对秘书和上司的日志进行修改并妥善做好相关协调工作。

相关知识

一、工作日志概述

工作日志是秘书协助上司提高工作效率的重要工具，它能使上司了解自己的工作计划和任务，做到心中有数，从而合理地安排其他不在日志内的临时工作和活动。工作日志也是秘书实现工作预见性、针对性、完整性的一种重要手段，它使秘书工作能围绕上司工作和企业的各项工作进行，能充分体现秘书的辅助、服务、参谋作用。

工作日志按等级可分为上司工作日志和秘书工作日志；按形式可分为手工填写的工作日志和电子版工作日志；后两者的信息内容相同。

1．工作日志的制订依据

工作日志必须具有预见性、完整性、合理性和指导性。工作日志的制订可参考如下几方面内容。

（1）企业（或单位、组织）的工作计划包括：年计划、季计划、月计划、周计划。

（2）上司的活动时间安排表，包括月时间安排表、周时间安排表。

（3）上级部门布置的任务、活动时间安排；兄弟单位、业务单位需本企业参与的活动安排。

（4）上司特别交代的任务、活动的时间安排。

季度计划表

（2015 年 4—6 月）

月份 周次	四	五	六
第一周			
第二周			
第三周			
……			

周计划表

周次 时间	星期一	星期二	星期三	星期四	星期五	备注
9：00						
10：00						
11：00						
12：00						
15：00						
……						

2．工作日志的内容

在工作日志的制订和管理中，秘书所要做的是把上司或者组织每月、每周、每天的主要活动纳入计划，经领导人审阅同意后，以表格形式印制出来，给领导本人一份，留办公室一份，必要时还要送给其他领导，但不宜分送给职能部门和司机，司机可以得到一份比较粗略的用车时间表。

上司或组织的工作日志一般涉及以下内容。

（1）上司在单位内部参加会议、活动时，要记录清楚时间、地点、内容。

（2）上司在单位外部参加的会议、活动、约会等。要记录清楚时间、地点及其确切细节、对方的联络电话等。

（3）上司外出参加会议、活动时的来访。要记录清楚来访者的姓名、单位详情、所预约的下次来访时间。

（4）上司个人的安排，如去医院看病等，秘书应保证不在这段时间内为上司安排其他事宜。

（5）上司私人的信息，如亲属的生日，以提醒上司购买生日卡或礼物。

二、制订上司和秘书的工作日志

秘书要制订好上司和自己第二天的工作日志，可按以下步骤进行。

1．制订上司工作日志

（1）列出上司当天的工作任务

（2）给工作任务排序

① 按任务的原有约定时间排序。对于一些已经确定或约定好时间的活动，秘书只能按照原来约定时间顺序来排序，不能轻易变动，除非双方重新约定了活动时间。

② 按“ABCD 法则”排序。对于没有规定时间的事物，可以采用“ABCD 法则”即先重急、后轻缓的法则排序。在“ABCD 法则”中，“A”是指重要而紧急的事务，“B”是指重要而不紧急的事务，“C”是指紧急而不重要的事务，“D”是指可做可不做的事务。也就是说，对完成中心工作有直接联系或重要影响的活动，要优先安排，加以保证，以便领导集中精力办大事。因此，在给工作任务排序时，应该先做 A 类事务，再做 B 类事务，然后做 C 类事务，最后处理 D 类事务。只有这样安排，才能提高效率，充分利用时间，合理分配精力，有效完成工作任务。

（3）绘制工作日志表

给任务排好序后，秘书应按照工作日志的格式绘制表格，也可以直接在 Word 文档里插入一个 6 行 4 列的表格，如下图所示，然后填入具体时间、工作内容、地点和备注。

上司工作日志

2014 年 9 月 1 日星期二			
时间	工作内容	地点	备注
8：30	部门经理会议	董事长会议室	A 文件
10：00	招聘面试新员工	会议室	
12：30	百色俱乐部午餐会晤		
15：00	接待布莱尔公司代表团	翔丰酒店东江房	

（4）回报上司，提醒上司审阅批准

在安排上司的日程表时，无论是一般的工作还是重要的工作，都要事先得到上司的同意，上司的工作日志制订好后，应再次送交上司确定。

2．制订秘书自己的工作日志

（1）对应上司工作任务进行排序

根据时间安排，上司工作任务依次为：参加部门经理会议，招聘面试新员工，参加百色俱乐部午餐会晤，接待布莱尔公司代表团。

（2）添加秘书辅助性工作任务和个人任务，并按照“ABCD 法则”排序

秘书的个人任务可以根据实际情况穿插在辅助上司工作任务的时间段之外。按照“ABCD 法则”即先重急、后轻缓的原则。

注意：秘书工作日志内容除包含上司的工作日志内容之外，还需要包括：上司的各项活动需要秘书协助准备的事宜，例如为上司的某某会议做相关的准备工

作等；上司交办的工作，如搜集相关信息资料、调研等；自己职责中应该做的工作、活动。

3．绘制工作日志表

根据任务要求，秘书工作日志如下表所示。

秘书工作日志

2014年9月1日星期二			
时间	工作内容	地点	备注
8：30	部门经理会议准备工作	董事长会议室	A文件
9：00	进行办公室用品发放，安排修理打印机	办公室	
9：40	招聘面试新员工会议室准备	会议室	
12：00	提醒：百色俱乐部午餐会晤		
14：40	提醒：接待布莱尔公司代表团	翔丰酒店东江房	
16：00	个人工作总结，安排值班工作	办公室	

注意：制订上司的工作日志，一定要提前了解上司工作和活动的信息，最好先用铅笔填写，再用钢笔正式填写、确定，工作日志应该在每天下班之前确定好，它可以使你第二天一上班就进入工作状态、当情况出现变化时，应立即更新日志，并告诉上司，出现的新变化，在上司日志变化的同时，应及时更改自己的日志，并做好变更后的有关工作。

三、工作日志的修改

1．工作日志修改的依据

通常情况下，工作日志的修改主要依据有：

（1）上司另有安排，提出修改。

（2）突发事件、重大事项的干扰，上级部门的安排。

（3）相关人员、企业（单位）工作安排与本公司活动（或会议等）有冲突，而对方又是不可或缺的。

（4）工作进程发生变化，原安排必须调整。

2．修改工作日志

为避免影响其他工作的正常进行，修改内容应控制在最小的幅度。有时可能会因为某些因素变更原来的安排，调整工作日志，要注意：

（1）安排的活动之间要留有适当的间隔或空隙，以备活动时间的拖延或添加临时的、紧急的情况。

（2）进行时间调整、变更，遵循先重急后轻缓的原则，并将变更的情况报告上司，慎重处理。

（3）确定变更后，应当立即做好有关善后工作，如通知对方、说明理由、防止误解等。

（4）再次检查工作日志是否将变更后的信息记录上，不要漏记和不做修改。

（5）随着上司工作日志的变动，秘书的工作日志也要随之调整。

实训练习

1. 阳光公司决定于 8 月 8 日召开一次重要会议，公司主要领导指定公司的 A 领导一定要参加。交办此事的一位办公室负责人还特别交代，要提前发通知，以便于 A 领导预先安排工作。值班人员马上将开会的时间、地点、内容、要求等通知到 A 领导的秘书，并要他及时向上级汇报。但到开会的前一天，A 领导有事与主要领导通电话，电话中 A 领导说："没有接到通知，我已安排明天召开几十个人参加的××××会，怎么办？"那位主要领导马上找发通知的值班室查问，经查实，值班人员 8 月 1 日上午 9 时已通知到 A 领导的秘书。那么为什么还会出现这种问题？经过与 A 领导的秘书核实后，秘书承认已接到会议通知，但没有按要求立即报告，后来忘记了，造成两会时间冲突。最终导致 A 领导不得不服从公司的安排，取消了他自己安排的会议。

作为一名专职秘书，你如何避免以上失误？安排领导工作日志时，要注意哪些事项？

2. 陈之安先生是沈阳某飞机部件股份有限公司主管销售的经理。请把下星期一的活动安排及有关内容分别填写在陈经理和他秘书的工作日志上：每周星期一上午 10∶30 在办公室举行会议，所有经理都参加；安排时间去银行取现金；12∶30 陈先生与王新西先生（北京代理商）在文华大酒店共进午餐；为人事部的朱迪小姐安排下午 3∶00 会见陈经理；在该天某一适当时间，秘书必须空出半个小时的时间以便安排陈先生与自己讨论下一次推销工作会议的日程安排，但不能占上午 9∶00～10∶00 的时间，因为陈经理想在这段时间里处理他的信件。陈经理和夫人晚上 7∶30 出发去康特公寓出席晚 8∶00 的俱乐部聚餐会。秘书本人在晚上 7∶00 要参加社交俱乐部举行的一次会议。

请制订陈经理和秘书的工作日志。

任务二 安排约会

学习目标

学会科学安排上司日常约会活动。

学会灵活处理约会安排中的细节。

任务描述

上午，明远服饰集团女装分公司秘书宋辉正在办公室埋头工作。电话铃响，宋秘书迅速拿起电话。

宋秘书：您好，明远服饰集团女装分公司。

宋秘书：（停顿、待对方回话）您好，请问有什么事吗？

宋秘书：（停顿）郑总想请李总吃饭？星期二？

宋秘书：星期二恐怕不行，李总可能会有一些私人的事情要处理。

宋秘书：（停顿）下个星期？请等一下，我看一下我的记事本。（翻开记事本）下个星期一和星期二安排得很满，星期三到星期五会空一点。要不就约在下个星期，具体时间我们星期五再联系，怎么样？

宋秘书：（停顿，待答复）OK，我等你电话。再见。

工作处理

为上司安排约会是秘书人员办公室事务管理中的一项常规性的工作。约见工作安排的好坏，关系到上司的工作效率，也关系到公司的公共形象，秘书人员必须认真对待，不可简单应付，不要认为安排上司的约会只是定个时间而已，而是要特别注意把握好约会安排中的细节，要做到既不影响上司工作，也不影响与约会方的关系。

相关知识

1．安排上司的约会

安排上司的约会一般从以下几个方面着手：

（1）分析约会

很多时候，与上司有关的约会往往不是一两次，如果上司一天到晚都在忙于应对各种约会，显然违背了上司的角色要求，所以秘书人员首先要对这些约会做出分析和取舍。在分析上司的约会时，应该根据约会的重要程度妥善取舍。重要而紧急的约会，应当安排在最近的时间；重要或紧急的约会，应当酌留时间稍缓安排；不重要也不紧急的约会，可以适当插入上司的工作空隙中，或取消约见。

一般来说，凡是上司安排约见某人，秘书人员就一定要进行安排；但对方要约见上司，就不一定有约必见。如果不该约见的，坚决不见，但要说明原因，想办法推辞。

（2）安排时间

如果需要或可以安排的约会，在具体安排时可以使用约会日程表，对约会的具体时间、地点、约见对象名单、参加人员名单等内容简单清楚地予以呈现。在安排约会时间时要特别注意以下几点：尽量不要在上司外出返回的当天安排约会，一则避免因意外原因导致上司迟归而带来的尴尬，二则上司长途跋涉需要休息。

尽量不要在周一上午或周五下午及节假日前后安排约会，因为这些时间上司往往要处理很多积压的日程事务。不要在周末假日或对方休息日安排约会，否则会影响上司及对方的休息。尽量不要在临近下班时安排约会，否则可能会影响上司顺利完成当天的工作。

约会日程表一般应当给上司一份，给有关科室和司机各一份，秘书人员自己留一份，但只有给上司和秘书人员自己的日程表才允许内容详细，以免泄密。

（3）做好提醒

安排好约会后，对上司、对对方及有关人员进行适时的提醒是非常必要的。如果为上司安排了一个外面的约会，在他离开办公室之前，最后打电话再确认一下。特别重要的约会，在接近约会的时间前，应该与对方再联络，确保约会顺利进行。安排约会时要向对方说明约会的内容、时间是得到上司的同意的。

可以在下班前将第二天的约会事项填进小卡片，一张送交上司，一张交给司机，一张自己保存，以便提醒。

（4）注意变更

约会一经确定后，除非万不得已，不应该轻易改变。但有时确实存在难以预料的变化，导致预约好的约会不得不变更。尤其是由于己方的原因而变更约会，秘书人员更应该妥善处理，一是要尽快通知对方，以免耽误了对方的时间和工作；二是要委婉地说明变更的原因，请求对方的谅解，并有必要为变更约会而给对方带来的麻烦表示诚恳的歉意。

2．约会安排的注意事项

安排上司约会还要注意以下问题：

（1）上司的时间表

秘书人员为上司安排约会时，不要随便打乱上司的常规工作，注意配合上司的工作规律和生活习惯等，心中要有上司的时间表，心中有数了才能够安排妥当。

（2）时间留有余地

秘书人员为上司安排约会时，在时间上一定要留有充分而必要的余地，切忌约会与约会之间间隙时间太紧或太松，如果是外出约见客户，还要留出足够的路上所需时间。

（3）适当保密

如制作分发上司约会日程表时，对于发给有关人员如司机的日程表，上面的内容与其有关的部分写详细一点儿就可以，其余则不写或略写，以免不慎让竞争对手看到而造成泄密。

实训练习

训练 1

有的秘书人员在给上司安排约会时，为了争分夺秒，使上司刚与张先生会谈完，马上又与李先生会谈……

请分析和讨论：这样安排适合吗？为什么？

训练 2

你的上司已经定于今天下午两点半约见客户刘先生，你也早已做好了双方的约会安排。不料，今天一上班，你的上司就来电话说，今天临时有个重要的会议要去参加，下午与李先生的约见取消。

请分析和讨论：此时你应该如何处理这件事？

参考工具箱

上司约会日程表

年　月　日

约会起止时间	地点	对方人员名单	主要参加人员	备注

约会时间提示表

约会时间	约会事项	所带资料	随行人员	备注

项目二 零用现金与商务费用报销

任务一 零用现金管理

学习目标

学会按照规定领取零用现金。

学会按照规定管理零用现金。

任务描述

上午，明远服饰集团女装分公司秘书宋辉请同事季冬购买一个小型会议的一些用品，季冬买回来后找宋辉领取零用现金，宋辉取出领用零用现金凭单请季冬填写，让他写明开销的项目和用途、日期、金额，然后认真地核对了季冬提交的发票等单据上的用途、内容、金额，看它们是否与零用现金凭单上填写的内容完全一致，再将发票等单据附在零用现金凭单后面。接着，让他找分管财务的张经理审批签字。最后，宋辉才把现金支付给了季冬，自己也在零用现金账簿上做好了支出记录。

工作处理

企业日常管理中经常有各种零星的小额支出，由于用支票来支付小额费用难以实行，一些单位的办公室中就常设立有一笔零用现金，或称作备用金，以支付日常少量的办公开支。它通常是由企业领导和财务负责人批准后由秘书人员保管和支出的现金，也是一笔周转使用的现金，它的数额根据企业的规模和平时小额支出的次数多少来确定。秘书人员取得现金后，应当将现金锁在保险箱内，以备应急之用。

相关知识

1．领取零用现金

办公室零用现金只有领导审批后，才可以领取和使用。领取零用现金的基本流程如下：

（1）预算。即对办公室每月日常开销做出预算，大致估计每月预支的零用现金额数。

（2）申请。办公室零用现金不足时，应该提出补充零用现金的申请，填写零用现金申请表。

（3）签批。由分管领导及主要领导对申请审批，并由财务人员审核签批手续是否完整。

（4）办理。财务人员审批无误后，即为办公室支付补充现金，秘书人员领取后将现金放在安全的地方。

2．管理零用现金

内部员工领取和使用零用现金时，秘书人员要按照以下几个步骤进行零用现金的日常管理：

（1）要求填写领取凭单，让领用现金使用经办人填写花销的项目和用途、日期、金额等，按领导职权范围呈送相应的主管签批。

（2）检查凭单是否签批，对经办人提交的零用现金凭单进行核查，仔细检查凭单的填写是否清晰、完整、正确、规范，尤其是所填金额是否正确，再看看领导是否签批。

（3）支付现金。检查无误后，要复查经办人是否有预支款，如果有，则冲减预支款；如果没有，可以支付全额现金给经办人。

（4）做好登记。现金支付后，要将各现金支付凭单存档，并在零用现金账簿上做好登记，如记录好支出现金的日期、用途、金额等，以备月结。

（5）适时报销。当支出的费用到一定数额后或到月末，秘书人员再到财务部门报销并将现金返还到零用现金箱中进行周转。

3．零用现金的支付范围

零用现金的支付范围主要包括：

（1）本市交通费、停车费。

（2）邮资、快递费用。

（3）少量通信费。

（4）外出临时复印、打印资料费用。

（5）接待茶点费。

（6）采购低值办公易耗品。

（7）其他本单位规定列入零用现金支付范围的项目。

4．零用现金的管理簿单

零用现金的日常管理中，要准备两种簿单：

（1）领用现金账簿。用来登记每笔现金收支情况，主要项目包括时间、收据编号、收支项目、收支金额，结算款项等。

（2）领用现金凭单。用来进行领用现金的签批、核准事项，主要项目包括花销的项目和用途、日期、金额等。

事务链接

支　票

大多数人认为现金仅仅指钞票。然而，从会计的观点来看，现金还包括支票、汇票和银行存款等。其中，支票是银行的存款人签发给收款人办理结算或委托开户银行将款项支付给收款人的票据，也可以转账。转账支票只能转账，不能提取现金。

支票结算具有方便、灵活的特点，是同城结算中使用较多的一种结算方式，适用于单位、个体经济户和个人在同一城市或一定的区域范围内的商品交易或劳务供应及其他款项的结算。采用支票结算方式，签发人必须在银行账户余额内按照规定向收款人签发支票，已签发的现金支票遗失后，可向银行申请挂失；已签发的转账支票遗失后，银行不受理挂失，可帮助收款人协助防范。支票一律记名，金额起点为100元，有效期为10天。对签发空头支票或印章与预留印鉴不符的支票，不以骗取财物为目的的，银行除退票外并按票面金额处以一定额度的罚款。

实训练习

训练1

经理让小王外出购买下午开会用的水果，小王打电话叫水果店送来，对方把水果送来时，小王发现自己钱包里的现金不够，一时有些尴尬。秘书小李马上为小王办理了零用现金的预支手续，替他解了围。

请分组角色模拟演练这个过程。

训练2

总经理让新来的秘书小唐给外地的下属分公司分别快递了一份资料，小唐自己垫付了所有的款项，拿了快递公司给的快递单就回来找负责零用现金管理的小邓报现金。小邓说只凭快递单不可以给他支付现金，必须让快递公司开正式发票。

请分析和讨论小邓为什么这样要求。

训练3

××服装公司总经理办公室2011年8月共有零用现金3000元，到月底共有以下几笔开支：8月2日，购买会议用花支出220元；8月5日，市内交通费支出107元；8月9日，购买会议笔记本支出259元，接待茶点费用支出535元；8月15日，快递资料支出210元；8月21日，员工李娟生病，公司购买牛奶和水果支出200元；8月26日，公司举办篮球比赛，购买矿泉水、奖品等支出886元。

练习将这些零用支出按笔登记在参考工具箱中的零用现金账簿中。

训练4

假设你是秘书小孔，请完成下面的任务。

便　条

小孔：

近期来了一批新员工，请列出到公司办公室报销零用现金回款时需要的手续，提醒他们在报销时多注意。

谢谢！

经理　赵××

5月20日

参考工具箱

零用现金凭单

编号：

项目和用途：	金额：
申请人签名：	日期：
审批人签名：	日期：
账页编号支付：	日期：

零用现金账单

（20××年）

日期	项目用途	收据编号	收入（元）	支出（元）	结余（元）	备注

任务二　公务费用报销

学习目标

熟悉办理公务借款和报销的流程。

学会正确办理公务费用报销。

任务描述

王总要去北京与客户谈判，时间为 3 天，秘书宋辉提前在财务部门为王总申请了 5000 元借款，打到王总的卡上，好让王总在北京有足够的现金支配。王总从北京开会回来后，直接把一大堆票据交给宋辉，宋辉按照公司财务规定认真填写了差旅报销，为王总到财务办理了报销手续，多退少补，办得很顺利。

工作处理

由于秘书人员管理的零用现金的金额是有限的，而很多公务费用的金额都可能比较大，如出差或接待团体客人等的花销往往数额较大，这样秘书人员就无法用手中的零用现金来进行报销业务，而需要直接到财务部门申请费用和报销结算。很多公务费用的报销，尤其是领导的差旅报销事务大多由秘书人员代劳去财务部门办理。所以，秘书人员应该熟悉所在单位的相关规定和流程，并能准确无误地办理公务费用报销事宜。

相关知识

一、公务费用的报销

1．办理公务借款的流程

（1）填写借款单。详细说明需要经费的人员、时间、用途和金额的情况，并亲自签字，然后提交相关负责人签批。

（2）获批后领款。获得批准后，将相关负责人已经签批的借款单提交财务部门审核，领取支票或现金借款。

2．办理公务费用报销的流程

（1）填写报销单。工作结束后，填写差旅费报销单或其他报销凭单，并将所有合乎规定的票据粘贴在报销单后面，保证填写的时间、项目、费用等与实际开具的票据内容完全相符，亲自签字后再提交相关负责人签批。

（2）到财务报销。将相关负责人已经签批的报销单提交财务部门审核结算，财务部门对预借款项进行冲抵，多退少补。对报销人自行垫付部分，返还现金。如果有超出计划的费用，应当提前向领导报告，在得到批准后方可报销。

在公务活动中，无论是使用支票，还是使用现金，都要向对方索取相应的发票，并盖有出具发票单位的财务专用章。

3．粘贴报销票据的规范

（1）分类粘贴。将所有票据分类，同类票据应当集中在一起，即将交通费、会务费、业务招待费等单据进行分类后有序粘贴，并保证票据平整。

（2）错开粘贴。票据要错开粘贴，保证翻查时票据得以完整呈现，而且粘贴单左侧应当留有一定的空白距离，以便装订。

（3）超出折叠。如有超出粘贴单幅面大小的票据，将其下册和右侧轻轻折叠与粘贴单并齐，或留待财务人员审核完毕后折叠。

二、差旅费用的报销

1．旅行费用的种类

要使上司有足够的资金用于国内外旅行，秘书人员要提前咨询银行和财务部门，取得代替现金的票据和各种文件。

（1）信用卡

信用卡可以从银行申请取得，上面开列支款人的姓名、签字、号码和最高值款额数等。这笔金额要从单位存在银行的存款账户中扣除。但旅行者在国外需要现金时，可以持信用卡去指定的银行支取，所支金额要记在信用卡上，信用卡的种类很多，秘书人员应为上司挑选适合国内外旅行的信用卡。

（2）旅行支票

秘书人员还可为上司在各家银行和一些旅行社购买金额较小的旅行支票。支票使用者购买时必须在支票上签字，支取旅行支票时，必须由使用者在支票上再次签字。

（3）快汇汇票

快汇汇票可以由秘书人员认购，交给或寄给上司和出差在外的同事，与持有普通支票一样，旅行者可凭借这种快汇汇票收取现金，或者转让给他人。

2．公务差旅费的范围

（1）工作人员国内外出差的费用；

（2）上司到外地开会的交通及其他相关费用；

（3）工作人员外出办公所需要的资金。

实训练习

训练 1

请模拟练习填写差旅报销单，并学会粘贴相关票据。

训练 2

小王是上海一家公司的业务员，去西安出差，原定 3 月 7 日坐火车回来，可是没有买到返程票，他打听到 3 月 7 日东航从西安到上海的飞机打 6 折，于是想坐飞机回公司，可是出差前的申请单上，总经理批的是火车，这可怎么办呢？

你能给他出个可行的主意吗？

训练 3

王小姐是××公司总经理的秘书，总经理要去北京开会，让王秘书给他安排一下行程和申报商务费用。王秘书填写了详细的申请报销的商务费用项目，经总经理审核后，交给财务部，财务部作出同意申报的决定。王秘书电话订购了飞往北京的机票，下午打车前往领票。王秘书把打车费用直接在办公室零用现金中报销，飞机票费用在商务费用中报销。总经理开会回来，王秘书把总经理在北京发生的，且事先经财务部同意的事项凭证整理，附在出差报销凭单后面，交给财务部领取支票或现金。

请分析和讨论，王秘书在费用报销上做的是否正确？

参考工具箱

差旅费报销单

出差人：　　　　　　部门：　　　　　　　　　　年　月　日

主管审批：　　　　　财务审批：　　　　　报销人：

<table>
<tr><td>出差天数</td><td colspan="7">由　　年　　月　　日起至　　年　　月　　日共　　天</td></tr>
<tr><td>出差事由</td><td colspan="3"></td><td>出差地点</td><td colspan="3"></td></tr>
<tr><td colspan="8">报销费用</td></tr>
<tr><td>项目</td><td>单据张数</td><td>金额</td><td>备注</td><td>项目</td><td>单据张数</td><td>金额</td><td>备注</td></tr>
<tr><td>城市间
交通费</td><td></td><td></td><td></td><td>公杂费</td><td></td><td></td><td></td></tr>
<tr><td>住宿费</td><td></td><td></td><td></td><td>会务费</td><td></td><td></td><td></td></tr>
<tr><td>伙食补助费</td><td></td><td></td><td></td><td>其他</td><td></td><td></td><td></td></tr>
<tr><td>合计金额
（大写）</td><td colspan="3"></td><td>单据合计</td><td colspan="3">张</td></tr>
</table>

项目三　差旅安排

任务一　编制旅行计划

学习目标

学会为上司编制可行的旅行计划。
学会为上司出差做好相关的安排。

任务描述

上午，明远服饰集团女装分公司王总下周一要到广州出差。星期一中午十二点，刘总要与广州经销商李先生在××大酒店进行午餐聚会，下午三点将在文具制造商高先生公司所在地××大厦四楼会见高先生。星期二上午酒店，刘总要和××电子有限公司的王总见面，商讨合作事宜，下午还要到公司驻广州办事处检查工作，预计于周二下午五点离开广州返回北京。刘总要在广州度过一个晚上，住在一个至少四星级的宾馆。

工作处理

上司为了洽谈业务、参观访问、出席会议、签订合同、实地考察等，经常需要到异地出差旅行。秘书人员安排上司的差旅事宜，特别是出差前的一系列准备工作，就成了日常办公事务中一项重要的工作任务。秘书人员要为上司编制好旅行计划乃至具体的旅程表，还要为上司订票、订房、预支差旅费用、准备差旅用品等，保证上司出差顺利。

相关知识

一、编制旅行计划及旅程安排表

一般来讲，可以酌情为上司编制旅行计划和更为详尽的旅程表。

1．编制旅行计划

旅行计划是上司差旅全过程的一个计划，编制前要对单位的差旅费用、交通、住宿等级标准的有关规定及程序很清楚。编制时按时间顺序编排，做到简单明了。要将时间的浪费降至最低，同时还要考虑上司的身体状况，在时间上留有余地。可以多编制几个旅行方案，供上司参考和选择。旅行计划通常用表格形式表现。

旅行计划表制订好后，秘书人员要复制三份，一份给上司，一份存档，一份自己保留。

一份旅行计划表的基本内容包括：

（1）出差的时间、地点、往返交通工具安排及住宿预定、接站工作等。

（2）上司的会晤计划，如人员、地点、日期和事项等。

（3）需要携带的各种文件资料等。

（4）差旅费用预算及经费预支等。

（5）上司或接待人的特别要求。

2．编制旅程安排

旅程安排的内容一般比旅行计划更详尽。旅程安排的制订实际上是出访方与接待方双方商议之后，由接待方拟定认可后定下来的。出访方秘书人员可以据此编制己方的旅程安排，并可以添加一些更具体的内容。安排旅程时，在时间上要留有余地，一般以表格形式表现。在时间工作中，往往将旅行计划表和旅程安排表合二为一编制。

一份周密的旅程安排表主要包括：

（1）时间。包括出发、抵达、返回的时间，各项活动的时间以及就餐、休息时间。

（2）地点。包括离开和抵达目的地、住宿活动地点以及就餐地点等。

（3）交通工具。包括出发、返回乘坐的交通工具，参与各项活动使用的交通工具。

（4）具体事项。旅行过程中的商务活动以及其他私人性事务活动等。

（5）备注。记载上司需要注意的事情，如休息时间、应当带的文件资料或证件等。

旅程安排表应该一式三份（或几份），一份存档，一份给上司及家属，一份秘书人员留存。

3．旅程安排表编制中要注意的细节

日程表的安排除了考虑工作的先后次序外，还应当结合上司的工作习惯来进行。每项工作安排最好能留出15～20分钟的机动时间。

二、准备差旅用品

需要准备的差旅用品一般包括以下四类：

1．商务活动文件资料

一般包括谈判提纲、合同草案、协议书、发言稿、讨论提纲、产品资料、对方公司相关资料、备忘录、日程表等。商务活动资料需要秘书人员协助准备。

2．差旅相关资料

包括目的地交通图、旅行指南、请柬（或对方邀请函）、介绍信、通讯录、世界各地时间表等。差旅相关资料需要秘书人员准备。

3．办公用品

包括笔记本电脑、移动盘、相机/摄像机、文件夹/袋、笔、笔记本、公司信封及信纸、邮票、名片、现金、支票等。办公用品需要秘书人员协助上司准备。

4．个人物品

包括身份证、护照、签证、信用卡、换洗衣服、洗漱用品、急救药品、飞机（车、船）票等。个人物品需要秘书协助上司准备。

实训练习

实训目的：掌握商务旅行计划和行程的安排。

实训内容：武汉××公司王副总经理本周五12：30要与客商李××在深圳福田香格里拉大酒店进行午餐聚会，周六中午14：00要参加广州交易会，周日下午返回武汉。在此期间还要分别拜访两位重要客户——深圳××公司张总和广州××公司戴总。

实训要求：请你替王副总经理安排好此次行程，使其旅行期间的各项安排能够有条不紊。

参考工具箱

××总经理旅行计划

日期	具体时间	交通工具	地点	事项	备注
12月20日（星期二）	8：10—9：25	航班	武汉	直飞厦门	
	9：40—10：00	办事处专车	厦门	入住酒店	
	14：00—15：30	办事处专车	厦门	与××先生会谈	
12月21日（星期三）	8：30—11：00	办事处专车	厦门	与××服装公司王总会谈	
	14：00—16：00	办事处专车	厦门	到驻厦门办事处检查工作	
	17：05—18：50	航班	武汉	返回武汉	

××总经理行程安排

时间		日程安排
武汉—厦门 2011 年 12 月 20 日—21 日		
12 月 20 日（星期二）	7：00	从家出发到机场，约 20 分钟，司机李××，秘书张××
	8：10	搭乘中国国航 CA8227 离开武汉前往厦门
	9：25	到达厦门，公司驻厦门办事处王小姐接机
	10：30	入住××酒店 318 房间，办事处王小姐安排
	12：00	午餐，××酒店，办事处王小姐安排
	14：00	在××大厦与××先生会谈（需用的××文件在公文包内），办事处专车，王小姐安排
	18：00	晚餐，××酒店，办事处专车，王小姐安排
12 月 21 日（星期三）	8：30	××服装公司，与王总会谈（需用的××文件在公文包内），办事处专车，王小姐安排
	11：30	宴请王总，××大酒家，办事处专车，王小姐安排
	14：00	公司驻厦门办事处检查工作，办事处主任赵××接待，王小姐安排
	17：05	搭乘 MF8305 航班返回武汉，办事处王小姐送机
	18：05	抵达武汉，秘书张××接机，司机李××

任务二　预订酒店

学习目标

了解酒店预订的程序。

学会预订酒店。

任务描述

明远服饰集团女装分公司王总要去广州出差，安排秘书宋辉替王总预订一家酒店。

工作处理

秘书可以通过互联网、电话、手机 WAP 等多种方式获得酒店预订服务，通过酒店预订服务查询、预订满意的酒店。

秘书在预订酒店过程中，需要注意以下问题：

（1）确定酒店档次。

（2）获取酒店信息。

（3）预订。

（4）确认预订。

相关知识

1．确定酒店档次

预订什么等级或档次的酒店和房间，秘书一是要清楚公司的相关规定，二是要了解上司的习惯，三是兼顾业务的重要程度。预订之前要征求上司的意见再做决定。

2．获取酒店信息

秘书可以通过查找旅行手册、打电话、咨询旅行社、上网搜索等方式获取目的地宾馆信息。

3．预订

秘书预订宾馆和房间，可以通过旅行社、网络、800 免费电话等途径。如果单位与要预订的宾馆有经常的业务往来，秘书可以直接通过电话等方式与宾馆联系。

预订时秘书要提供住宿者的姓名、性别、抵达时间、大概离开时间、房间的类型与特殊要求等。预订房间要根据上司的要求，考虑楼层、朝向、设施等因素。房间尽量不在一楼，不临街，有足够的安全保障等。

如果预订需要有保证或确定，秘书要事先声明，以便宾馆保留房间。如果要取消预订，必须在宾馆结账时间前通知对方，否则当晚就要收费。因此预订时要询问好宾馆的结账时间并告知上司。

4．确认预订

当预订房间后，秘书一定要拿到宾馆确认预订的传真或其他书面形式的证明，并将其附在旅行计划或日程表后面，这样才会使上司到达后的住宿有保障。

不同旅行方式的比较

旅行方式	优点	缺点
汽车旅行	灵活——没有限定的时刻表； 直接——旅行能直接抵达目的地； 容易得到——大多数人使用或会开车； 费用——相对较低	停车困难、停车费较昂贵； 有压力——旅行者长途驾驶到达目的地时，会感到疲劳和压力； 无法有效利用时间——开车前往目的地的同时，不能进行其他工作
火车旅行	费用低——个人旅行乘火车比乘汽车更便宜； 压力较小——旅行者能休息，还可在乘车期间做其他工作； 没有寻找停车位等问题	不灵活——要按固定的时间表和路线行进； 热线或旺季时的票价较贵； 有时无法直接抵达目的地
乘船旅行	能运输汽车——适用于长时间旅行，并可携汽车、行李、样品； 有定期渡轮； 可选择船种——气垫船、水翼船、渡船等	速度慢——乘船旅行经常是缓慢的，在商务旅行中不太受欢迎
飞机旅行	速度——最快的旅行方式； 轻松——压力小，提供餐饮； 距离——常是唯一有效率的长途旅行方法； 目的地范围广泛	费用——是昂贵的旅行方式； 不直接——常需结合其他旅行方法到达目的地； 行李限制——必须为重而大的行李缴付额外的费用

实训练习

任务一

1．实训目标

通过实训，要求学生掌握预订酒店和机票的方法。

2．实训背景

公司行政经理王明将于 11 月 10 日去广州出差。行程安排如下：10 日乘机抵达广州，11 日至 13 日参加贸易洽谈会，14 日返回南京。请协助王明经理做好以下工作：

（1）预订机票应提供的信息。

（2）预订酒店应提供的信息。

（3）出差所需携带的相关材料及必备物品。

3．实训内容

假如你是秘书小宋，请完成以上工作，并以传真的形式发给王经理。

任务二

杭州某公司领导因公务需要，要携王秘书到西安出差。学生担任王秘书角色，开展实务训练：

（1）选择去西安的旅行方式，查询杭州到西安的火车、航空等信息资料。书面整理（车次、航班、价位、起讫时间）等。

（2）熟悉预订车、机票程序。收集当地预订票受理点电话、地点、联系人；了解预订火车、飞机票的基本程序，业余时间学生到有关受理点询问（或电话询问），书面整理。

（3）预订西安客房及注意事项。收集本单位外出人员差旅费报销标准，了解西安宾馆、资料查询、选择，客房预定程序。

任务三　办理出国商务旅行手续

学习目标

学会办理出国商务旅行的手续。

任务描述

上午，明远服饰集团女装分公司李明总经理一行 5 人将赴美国纽约进行商务洽谈，秘书宋辉需要替李总经理一行办理出国商务旅行的手续。

工作处理

出国商务旅行的手续和在国内旅行的有所不同，秘书要多加注意。办理出国商务旅行手续时，要从以下几个方面着手：

（1）撰写出国申请。

（2）办理护照。

（3）办理签证。

（4）办理《国际预防接种证书》。

（5）办理出境登记卡。

（6）订票。

（7）办理保险。

相关知识

一、撰写出国申请

办理出国申请。出国申请的内容，一般包括：出国事由，出国团组的人数，出国路线（外国公司所在国名称），出国日程安排（出国时间、在国外活动时间、地点、回国时间）等。

申请文书后面要附出国人员名单（写清出国人员姓名、年龄、性别、职务、职称）以及外国公司所发的邀请函（副单）。

二、办理护照

1．护照的作用

护照是主权国家发给本国公民出入境及到国外办事旅行居留的合法身份证件和国籍证明。凡出国人员均应持有护照。

2．护照的种类

目前，多数国家颁发外交、公务和普通三种护照，也有一些国家颁发三种以上或根本不分类的护照，或颁发代替护照的证件。

我国政府现在颁发的有外交护照、公务护照和普通护照（包括因公普通护照和因私普通护照）三种。

3．护照的办理

在国内，外交、公务和因公普通护照，由外交部及其授权单位（各省、市、自治区的外事办公室）办理。在国外则由我国驻外使、领馆等外交机构负责办理。

秘书在办理护照时要注意几个事项。

（1）携带有关证件：主管部门的出国任务审批件，出国人员政审批件，所去国有关公司的邀请书等文件。

（2）认真填写有关卡片和申请表。

（3）拿到护照后，再认真检查核对每位出国人员姓名、籍贯、出生年月和地点，若是组团出国，则要检查护照上的照片是否与姓名一致，有无授权发照人的签字和发照单位的盖章；发照日期和有效期有无问题，使用旧护照再次出国者更应注意其有效期，若已过期，必须申请延长。

三、申请签证

1．签证的作用

护照办理好后，再申请所去国家（地区）和中途经停国家的签证。签证是一国官方机构对本国和外国公民出入国境或在本国停留、居住的许可证明。签证一般可做在护照上，也有的做在其他身份证上。如果前往未曾建交的国家，则用单独的签证与护照同时使用。我国的签证一般做在护照上。

2．签证的种类

签证也分为外交、公务和普通三种。根据不同使用情况可分为入境、入出境、出入境、过境签证，另外还有居留签证。我国政府规定，因公出国的公民出入国境凭有效护照，可不办理签证，而持因私普通护照出入国境的中国公民必须办理中国的签证。

3．签证的办理

因公出国的人员前往国家的签证通常由外交部或中国旅行社代办处向有关国家驻华使馆（或驻华总领馆）申办。如果时间紧迫，在国内来不及办理签证，可向我国有关驻外使、领馆发报，请其向驻在国申请。办妥的签证，可在抵达时，由机场移民局发给。前往国的签证应持国外邀请书，或有关国家移民局的允许证等，一般可通过中国旅行社签证代办处办理。

四、办理健康证书

健康证书即《国际预防接种证书》，因为它的封面通常是黄色的，所以惯称“黄皮书”。为防止国际间某些传染病的流行，世界卫生组织正式通过的《国际卫生准则》规定，入境者在进入一个接纳国的国境前，要接种牛痘、霍乱、黄热病的疫苗。

五、办理出境登记卡

在办妥了上述各项手续后，再携带出国人员的护照、户口簿、居民身份证办理临时出境登记手续。秘书凭护照、前往国的签证或入境许可证、临时出境登记单到护照颁发单位，把办理护照时领到的第一张“出境登记卡”换为第二张“出境登记卡”之后，可以购买机、车、船票离境出国。

六、订票

可在国内各航空公司及其售票代理点办理购票手续，也可以在外国航空公司驻我国的办事处购买。购买国际机票需出示护照。

拿到机票后必须对票面查验，如果所到之处对方有接待，这时候可以向对方发出通知，最好是以书面形式通知有关信息，以便对方做好接待工作。

预订票应该注意以下事项：

1．在准备预订车票（机票）的时候，一定要查看最新的时刻表，因为现在有许多季节性的或临时性的车次，稍不留心，就会订不上。

2．预订车票时，最好选择直达车。因为出差途中，最麻烦的就是换车，倒来倒去，稍不注意，就会误车误点。所以能直达的就最好不要换车。如果是在大站换车，在时间上一定要安排得宽裕些。

3．从平时起，秘书就要注意学习预订和购买车票、机票、船票的办法，以及如何使用支票，如何兑换外币，等等。这样，就能保证领导工作的顺利进行。

七、办理保险

通过代理人与保险公司办理安排保险，险种应适用于意外事故，如医疗及行李丢失等。

八、出行前的准备

1．确定最佳旅行方案。

2．兑换外币。

3．准备随身携带物品。

4．准备必须携带的各种文件。

5．检查相关证件。

6．收集所到国的背景资料。

九、乘机注意事项

乘坐飞机旅行是件令人惬意的事，由于飞机内空间面积较小，人际关系特别紧密，而且各色人等聚在一起，对礼仪要求更高。

进入机舱找到自己的座位后，我们应侧身尽快将自己随身携带行李放入座位上方的物品箱并关上门后立即坐下来，以免站在通道上堵塞和影响其他乘客入舱。坐下后对我们的邻座，应微笑致意问好，以礼相待。如果不小心碰到了其他乘客，应立即主动道歉。如果别的乘客主动向我们打招呼想找我们攀谈，除非十分疲倦，否则应友好地应对。若我们想休息一下或要做什么事情，譬如看商务文件、查阅商务合同等则应向对方说明并表示歉意。

飞机抵达目的地还未停稳时，我们不能解开安全带站起身急于拿行李，只有等空中乘务员通知后才能这样做。下机前别忘了和舱门口的空中乘务员道别。

实训练习

1．实训目标

通过实训，要求学生掌握办理出国手续的方法。

2．实训背景

11 月末，明远服饰集团女装分公司李明总经理一行赴美国纽约进行商务洽谈，具体洽谈时间从当地的 11 月 26 日 9∶00 开始，秘书需要将以下几件工作以备忘录的形式发给他：

（1）说明出国前需要办理的手续。

（2）办理有关手续时应携带哪些必备资料。

（3）出行前秘书要做哪些准备工作。

（4）洽谈开始时间为北京时间的几点。

3．实训内容

假如你是秘书宋辉，请完成以上工作，并以备忘录的形式发给李总经理。

参考文献

[1] 罗春娜，张智. 秘书实务. 北京：清华大学出版社，2010.

[2] 金常德. 办公室事务（2 版）. 大连：大连理工大学出版社，2009.

[3] 黄良友. 办公室工作与管理. 北京：首都经济贸易大学出版社，2008.

[4] 李强华. 办公室事务管理. 武汉：华中科技大学出版社，2014.

[5] 吴良勤. 商务秘书实务. 重庆：重庆大学出版社，2010.

[6] 孙伯杨. 秘书实训. 北京：人民出版社，2007.

[7] 徐静. 秘书实训. 北京：高等教育出版社，2014.

[8] 柯晓扬，石建梅. 内修外塑——大学生礼仪形象修炼. 江苏：苏州大学出版社，2014.

[9] 吴雨潼. 人际沟通实务教程. 大连：大连理工大学出版社，2014.

[10] 袁锦贵. 沟通与礼仪. 北京：电子工业出版社，2013.

[11] 柏莹. 秘书人际沟通. 北京：中国人民大学出版社，2011.

[12] 雷鸣. 办公室事务管理. 北京：中国劳动社会保障出版社，2009.

[13] 胡鸿杰. 办公室事务管理. 北京：中国人民大学出版社，2004.

[14] 范兰德，谭洛明. 现代秘书工作技能与实训. 广州：广东人民出版社，2007.

[15] 黄海. 办公室工作实务. 北京：电子工业出版社，2009.

[16] 王玉霞. 办公室事务管理. 北京：清华大学出版社，2010.

[17] 张丽荣. 办公室实务. 北京：机械工业出版社，2010.

[18] 吴跃平. 秘书与办公室工作实务. 北京：人民出版社，2008.

[19] 张金英. 办公事务实训. 上海：复旦大学出版社，2003.

[20] 徐飙. 文秘实习实训教程. 北京：高等教育出版社，2005.

[21] 刘建生，樊江春. 企业行政管理实务. 广州：广东经济出版社，2006.

[22] 张永红. 客户关系管理. 北京：北京理工大学出版社，2009.